DAS KOCHBUCH
der vergessenen Genüsse

Eva Eppard • Martin Lagoda

DAS KOCHBUCH
der vergessenen Genüsse

Moderne Rezepte mit wiederentdeckten Zutaten

vgs EGMONT

Originalausgabe

verlegt durch EGMONT Verlagsgesellschaften mbH,
Gertrudenstraße 30-36, 50667 Köln

1. Auflage
Redaktion: Yvonne Tiedt, Susanne George
Produktion: Simone Nauerth
Foodfotos: Cornelis Gollhardt, Köln/Stephan Wieland, Düsseldorf
Foodstyling: Stephan Krauth, Köln
Umschlaggestaltung: Zero Werbeagentur, München
Umschlagfoto: Cornelis Gollhardt, Köln/Stephan Wieland, Düsseldorf
Layout: Angela May Grafikdesign & Buchgestaltung, Mettmann
Druck: Firmengruppe APPL, aprinta druck, Wemding
ISBN 978-3-8025-3683-0

www.vgs.de

Inhalt

Vorwort

Die verschmähten Perlen

Auch Nahrung und Genuss richten sich – im buchstäblichen Sinne des Wortes – nach dem Zeitgeschmack. Lebensmittel und Gerichte, die lange geschätzt wurden oder als unverzichtbar galten, werden plötzlich bedeutungslos. Dickmilch – da war doch mal was? Oder sie werden zu Klassikern erhoben, was meist bedeutet, dass sie in alle Ewigkeit so bleiben werden, wie man sie seit jeher kennt. Muss man sich über diese Tatsache wundern, sie bedauern, sie begrüßen?

Alle natürlichen Lebensmittel (die industriell bearbeiteten und hergestellten also ausgenommen) haben ihren besonderen Reiz und Wert, jedes hat seine Liebhaber. Deshalb sind alle natürlichen Lebensmittel gut – und wenn sie dennoch ein Nischendasein führen müssen, liegt es, von individuellen Vorlieben abgesehen, entweder an der Zubereitungsart, ihrem Lifestyle-Wert oder wirtschaftlichen Bedingungen. Die Schweinshaxe zum Beispiel: Trotz ihrer Kalorien serviert man die krachende Schwarte gern als herzerwärmende Winterfreude, und auf dem Oktoberfest darf die Haxn mit der Biermaß auf den Tischen tanzen – vorausgesetzt, sie kommt so wie immer aus dem Ofen. Zu allen anderen Zeiten jedoch hält sich die Begeisterung für den deftigen Leckerbissen sehr in Grenzen: wie langweilig und spießig! Und dann die Kalorien! Wenn jemand sagt, er habe gerade Sushi gegessen, erntet er ein zustimmendes Lächeln und ist in den Kreis trendbewusster Kulturkonsumenten aufgenommen. Wehe aber, er hatte Haxe auf dem Teller! Sushi – ebenso Tapas, Wraps, Pasta und andere Zeitgeist-Favoriten – sind die neuen Lieblinge und werden idealisiert, sie stehen für die Moderne. Die Haxe aber muss ihrem bürgerlichen Image treu bleiben wie ein

Darsteller, der immer wieder dieselbe Rolle bekommt und nie zeigen darf, was sonst noch in ihm steckt.
Und so ergeht es nicht nur dem Schweinebein. Ein weiteres Beispiel dafür, warum Lebensmittel hierzulande aus der Mode kommen können und beinahe unsichtbar werden, ist die Dickmilch: Bis Mitte des vergangenen Jahrhunderts gehörte sie mehr oder weniger zum Lebenmittelstandard in vielen Haushalten, wo sie aus frischer Milch selbst hergestellt wurde. Sie schmeckte gut, war gesund und ließ sich vielseitig variieren. Doch dann kam eine starke Konkurrenz namens Joghurt (gegen den im Übrigen gar nichts einzuwenden ist). Er war aber keineswegs besser als Dickmilch, nur verschiedenartig, denn er besteht ebenfalls aus Milch, der Milchsäurebakterien zugesetzt werden – andere zwar, aber der geschmackliche Unterschied ist nicht überwältigend. Der Joghurt jedoch ließ sich als neues und stichfestes Milchprodukt, das man löffeln konnte, besser vermarkten (der Trinkjoghurt kam erst sehr viel später) und ist seitdem der Souverän der Kühlregale. Wer Joghurt isst, beweist in unserer körperorientierten Welt Fitnessbewusstsein. Die gute alte Tante Dickmilch indes heißt schon so, wie man keinesfalls werden will, nämlich dick. Dabei haben Dickmilch und Joghurt im Prinzip exakt dieselben Kalorien. Überhaupt: Alles muss mager, light oder von Natur aus kalorienarm sein, wenn es im Wettbewerb um die Gunst heutiger Konsumenten bestehen will.

Die Liste der Gründe, warum einige Lebensmittel eine erstaunliche Karriere hinlegen und andere völlig zu Unrecht in der Versenkung verschwinden, lässt sich fortsetzen. Zu den maßgeblichen Auslösern dieser Entwicklung gehören die EU-Normierungen. Sie gehen nach Kriterien wie Größe, Form und Farbe eines Produkts vor, nicht aber nach seinen geschmacklichen Eigenschaften oder seinen Nährwerten. Eine noch so köstliche Apfelsorte etwa wird ausgemustert, wenn sie zu groß ist. Aus den Agrarprodukten, die dann übrig bleiben, selektieren die Hersteller und der Handel daraufhin jene Sorten, die schnell und zuverlässig wachsen, pflegeleicht sind, Resistenz gegen Schädlinge beweisen, ohne Probleme maschinell geerntet werden können, sich gut transportieren lassen und lagerfähig sind. Sie müssen diese Eigenschaften natürlich alle auf einmal erfüllen. Deshalb trifft man in den Geschäften immer dieselben wenigen Obst- und Gemüsesorten an, obwohl man die Auswahl aus Tausenden haben könnte. So gibt es auch zahllose Kartoffelsorten in allen möglichen Farben und unterschiedlichen, reizvollen Geschmacksnuancen – aber ihr Anbau ist verboten, weil sie vom Bundessortenamt nicht zugelassen sind. Manchmal gerät sogar ein Lebensmittel aus dem Bewusstsein der essenden Gesellschaft, obwohl es ständig präsent ist. Mit der Beliebtheit der italienischen Pasta wuchs beispielsweise auch der Bekanntheitsgrad des wenig bedeutenden Hartweizens, aus dem die Nudeln gemacht werden. Wem aber ist schon der Begriff Weichweizen geläufig, obwohl er zu den wichtigsten Brotgetreidesorten gehört? Da die meisten Menschen kaum noch Muße zum richtigen Kochen mit frischen Zutaten haben – das überwältigende Interesse an Fertiggerichten spricht für sich –, muss es gegebenenfalls schnell gehen. Da ist ein Steak zum Kurzbraten jedem Schmorgericht (siehe Haxe) fraglos überlegen. Und Zeit zum Sammeln etwa von Schlehen, Hagebutten und Holunderbeeren nimmt sich ohnehin kaum noch jemand. Schade.

Je mehr Lebensmittel aus unserem Blickfeld verschwinden, desto mehr geraten sie in Vergessenheit und wir übersehen, welches Potenzial in ihnen steckt. Der vorliegende Rezeptband holt einige der vernachlässigten und verpönten Genüsse in die Küche zurück und versucht, jedem einen neuen kulinarischen Reiz abzugewinnen. Der Schweinsfuß, früher in Eintöpfen unverzichtbar und schon lange kein Sympathieträger mehr, ist Kronzeuge dafür, dass jedes Lebensmittel Respekt und Beachtung verdient. Das renommierte Hotel „Ritz Carlton“ in Paris serviert seinen verwöhnten Gästen traditionell eine ausgesuchte Delikatesse: Schweinsfuß, getrüffelt.

Martin Lagoda

Zu den Rezepten

Es lohnt sich, alle Rezepte in diesem Buch zu lesen. Da manche Gerichte aus Zutaten bestehen, die zu verschiedenen Kapiteln passen, findet man manch einen „vergessenen Genuss“ auch an einem anderen Ort wie zum Beispiel ein Gewürz im Fisch-Kapitel.

Die wiederentdeckten Zutaten sind im Register am Ende des Buches in Kursivschrift hervorgehoben.

Alle Gerichte sind, wenn nicht anders vermerkt, für 4 Personen berechnet.

Die Zutaten in diesem Buch sind in der Regel in gut sortierten Supermärkten, Feinkostläden und Spezialgeschäften wie Asialäden oder im Gewürzhandel erhältlich. (Einige Produkte können auch bei Feinkostversendern z. B. über das Internet bestellt werden.) Manche aus der Mode gekommene Fleischwaren sollte man beim Metzger vorbestellen.

Gemüse, Salate und Kräuter werden natürlich vor der weiteren Verwendung je nachdem geputzt, geschält, gewaschen und trocken geschleudert bzw. getupft.

Neben den warenkundlichen Texten auf den Rezeptseiten enthält ein Glossar weitere Informationen zu diversen Produkten. Diese sind in den Rezepten mit einem Sternchen markiert.

Kräuter, Salate & Gewürze

Salat von Pimpinelle, Borretsch, Schafgarbe
und Senfblatt mit Balsamico-Vinaigrette

Salat

- 2 EL Aceto Balsamico *
- gut 2 EL Himbeeressig
- 1 EL Sherryessig
- 1 EL Zucker
- 1 TL Salz
- 1 TL Senf
- 7–8 EL Distelöl
- 5 EL Olivenöl
- 2 EL Walnussöl
- 200 g gemischte grüne Salate und Kräuter, bestehend aus:
  - junger Blattspinat
  - Mizuna *
  - rotes und grünes Senfblatt
  - Pimpinelle
  - Borretsch
  - Schafgarbe
  - Sauerampfer

Gewürzstick mit Süßholz

- 4 Blätter Frühlingsrollenteig, 15 cm x 15cm (Asialaden)
- 20 g Nougat
- 1 Prise Piment, gemahlen
- 1 Prise Pfeffer aus der Mühle
- 1/2 Prise Muskatnuss, gerieben
- 1/2 Prise Chilipulver
- 1 Vanilleschote (das ausgeschabte Mark)
- 1 Prise Süßholz, geraspelt
- 1 Eiweiß

Salat

Alle Zutaten, mit Ausnahme der Salate sowie Kräuter, und außerdem 9 EL Wasser im Mixer zur Vinaigrette aufschlagen. Die Salate und Kräuter in eine Schüssel geben. Die Vinaigrette unmittelbar vor dem Servieren darübergießen und locker durchmischen.

TIPP Die Vinaigrette kann auf Vorrat zubereitet werden. In einem geschlossenen Gefäß hält sie sich im Kühlschrank 6–8 Tage. Zu diesem Salat servieren:

Gewürzstick mit Süßholz

Den Nougat und die Gewürze in der Küchenmaschine kurz vermischen. Je 1 EL Masse dünn auf die Teigblätter streichen. Die Ränder mit etwas leicht verquirltem Eiweiß einpinseln und die Blätter zu dünnen Sticks zusammenrollen. Die Sticks auf ein mit Backpapier ausgelegtes Blech legen. Im vorgeheizten Backofen bei 150 °C auf der mittleren Schiene ca. 10 Minuten backen, bis sie goldgelb sind.

Die Sticks noch warm mit dem Salat auf Tellern anrichten. Zu diesem Salat servieren:

Pimpinelle – Das Würzkraut mit dem hohen Vitamin-C-Gehalt erkennt man an den gefiederten Blättern. Man sollte sie vor der Blüte ernten, weil sie dann das intensivste Aroma haben. Pimpinelle passt in fast alle Salate, Suppen, Kräutermischungen und in Kräuterbutter. Sie wächst problemlos im Garten. Nicht zu verwechseln mit der Bibernelle.

Schafgarbe und Borretsch

Schafgarbe – Das würzige Kraut mit einer leichten Neigung zur Bitterkeit macht sich gut in Vorspeisen (-Salaten). Es aktiviert die Produktion der Magensäfte und wirkt damit appetitanregend. Man erkennt die weit verbreitete Pflanze mit den weißen Blüten an ihren kleinen Blättern und kann sie bereits im Frühling auf Wiesen, an Weg- und Straßenrändern sammeln. Verzehrbar sind sowohl die Blätter als auch die Blüten.

Borretsch – Das Gurkenkraut hat – wie der Name schon sagt – ein gurkenähnliches Aroma. Die Blätter sind ebenso essbar wie die strahlend blauen Blüten, die wegen ihrer Farbe auch gut zum Dekorieren verwendet werden können. Der Pflanze wird nachgesagt, dass sie herzstärkend, nervenberuhigend und blutreinigend wirkt.

Salat mit Schafgarbe
zu Matjesfilets in Vanillemarinade

Für den Salat

100	ml	weißer Aceto Balsamico*
200	ml	Traubenkernöl
50	g	Lavendelhonig
1	EL	milder Senf
		Salz
		Pfeffer aus der Mühle
150	g	junger Romanasalat
50	g	Schafgarbe
100	g	Rauke

Für die Marinade

1/2		Vanilleschote (das ausgeschabte Mark)
1		Limette (der Saft)
50	ml	Milch
50	g	Crème fraîche
		Zucker
4		Matjesfilets

Für das Dressing Aceto Balsamico, Traubenkernöl, 50 ml Wasser, Lavendelhonig, Senf, Salz und Pfeffer in einem Becher mit dem Stabmixer gut vermischen. Nach Geschmack etwas mehr Honig zugeben. Den Salat kurz vor dem Servieren mit dem Dressing mischen.

Für die Marinade das Vanillemark mit Limettensaft, Milch und Crème fraîche vermischen. Mit Salz, Pfeffer und Zucker abschmecken. Die Marinade über die Matjesfilets geben.

Den Fisch in der Marinade mit dem Salat dekorativ anrichten.

Steinbuttfilet
unter Fenchelsaatkruste mit Zitronenthymian

- 4 große Steinbuttfilets à 150 g
- 1 Limette (der Saft)
- Fleur de Sel*
- 1 EL Olivenöl
- 8 Scheiben Toast, entrindet
- 100 g Butter
- 1 EL Fenchelsaat
- 8 Zweige Zitronenthymian
- schwarzer Pfeffer aus der Mühle

Die Steinbuttfilets mit Limettensaft beträufeln und mit etwas Fleur de Sel bestreuen. Auf ein mit Olivenöl bepinseltes Backblech legen. Im vorgeheizten Backofen bei 80 °C ca. 30 Minuten sanft garen lassen.

In der Zwischenzeit die Toastscheiben mit der Butter in der Küchenmaschine pürieren. Die Fenchelsaat in einer Pfanne ohne Öl leicht anrösten und anschließend in einem Mörser zerstoßen. Fenchelsaat und die abgezupften Blätter vom Zitronenthymian zur Toast-Butter-Mischung in die Küchenmaschine geben. Mit Pfeffer und Fleur de Sel würzen und alles einmal durchmixen. Dann mithilfe einer Klarsichtfolie zu einer Rolle formen. Kurz im Kühlschrank kalt stellen. Scheiben von der Rolle abschneiden und auf den gegarten Steinbutt legen. Den Fisch mit Belag unter dem Grill im Backofen ca. 5–10 Minuten überbacken. Die Oberfläche sollte etwas knusprig sein.

Als Beilage eignet sich ein leichtes geschmortes Tomatengemüse.

Fenchelsaat – Manch einer kennt Fenchelsaat nur als Bestandteil von Babytees, doch damit werden die leicht süßlich und recht intensiv schmeckenden Körner in ihrer Vielseitigkeit verkannt. Als Würzzutat insbesondere bei Fisch- und Lammgerichten, aber auch bei Pilzen bescheren sie typisch mediterrane Geschmackserlebnisse.

Süßholzessig-Vinaigrette

20	g	Süßholz (Gewürzgeschäft oder Apotheke)
100	ml	Weinessig (5 %)
100	ml	Zitronensaft
90	ml	Honig-Balsamico* (Feinkostgeschäft)
100	ml	Vincotto* (eingedickter Traubenmost; Feinkostgeschäft)
50	g	Zucker
35	g	Salz
40	g	Senf
140	ml	Olivenöl
65	ml	Haselnussöl
40	ml	Traubenkernöl
70	g	Honig

VORBEREITUNG Das Süßholz in den Essig legen und 3 Wochen in einer verschlossenen Flasche ruhen lassen. (Man kann die Mengen erhöhen, um einen kleinen Vorrat anzulegen.)
Alles durch ein Sieb geben und dabei die Flüssigkeit in einer Schüssel auffangen. Den so entstandenen Süßholzessig mit den restlichen Zutaten sowie 160 ml Wasser mixen.

Das Süßholzaroma passt besonders gut zu Salaten aus Antipasti-Gemüsen oder zu gebratenem Fisch.

TIPP Süßholzessig kann man auch bei Feinkostversendern bestellen.

Vanille-Chili-Creme
mit Melasse

4	Vanilleschoten
500 g	Sahne
200 ml	Milch
175 g	Melasse (Reformhaus)
1	frische Chilischote, in feine Streifen geschnitten
14	Eigelb

Das Mark aus den Vanilleschoten schaben. Mit den Schoten, der Sahne, Milch, Melasse und dem Chili (Menge nach gewünschter Schärfe) aufkochen. Die Schoten herausnehmen. Die Eigelbe in einer Metallschüssel leicht verquirlen. Die heiße Sahnemischung unter ständigem Rühren dazugießen. Auf dem Wasserbad leicht dicklich einkochen. Konsistenzprobe: Einen Kochlöffel in die Creme stecken und herausziehen. Wenn die Masse am Löffel kleben bleibt und nicht verläuft und wenn man mit dem Finger einen bleibenden Strich durch die Masse ziehen kann, ist sie richtig.

Die Creme in kleine Gläser drei viertel hoch einfüllen. Im Backofen in einem Wasserbad bei 110 °C ca. 25–35 Minuten stocken lassen. Herausnehmen, in Ruhe abkühlen lassen und kalt stellen.

Mit Passionsfrucht- oder Mangomark (erhältlich im Reformhaus) servieren.

Melasse – Der dunkelbraune Zuckersirup sollte nicht mit (eingekochtem) Zuckerrübensirup verwechselt werden. Melasse ist ein Nebenprodukt, das bei der Zuckerproduktion aus Zuckerrohr und Zuckerrüben anfällt. Sie enthält etwa 60 Prozent Zucker. Verwendet wird sie auch bei der Herstellung von Whisky, Rum und Wodka.

Süßholz

Da Süßholz – genauer gesagt die Wurzel der gleichnamigen Pflanze – die Basis für Lakritz ist, erscheint seine Verwendbarkeit in der Küche auf den ersten Blick eher ungewöhnlich. Doch Lifestyle-Köche haben gezeigt, dass sich mit Süßholz geschmackliche Überraschungen zaubern lassen. Das in ihm enthaltene Glycyrrhizin ist der lakritzige Aromastoff. Und der hat es in sich, denn er besitzt die 50-fache Süßkraft von Rohrzucker. So kann man z. B. Kräutertee mit nur zwei, drei Krümeln der Süßholzwurzel süßen. Bei Problemen mit den Atemwegen und dem Magen ist Süßholz übrigens ein bewährter Helfer. Man bekommt es in Gewürzgeschäften, Apotheken und Asialäden.

Brownie mit Melasse,
Schokolade und Erdnüssen

270 g	weiche Butter
230 g	Melasse (Reformhaus)
4	Eier
120 g	Mehl
70 g	dunkles, ungesüßtes Kakaopulver
140 g	Vollmilchschokolade (40 % Kakaogehalt)
100 g	Marzipan (70 % Mandelgehalt)
50 ml	Haselnussöl
60 g	Haselnussgrieß (Reformhaus)
20 g	ungesalzene, ungeröstete Erdnüsse, grob gehackt

Die Butter mit der Melasse schaumig schlagen. Nach und nach Eier, Mehl und Kakaopulver unterrühren. Die Schokolade auf einem Wasserbad oder bei ganz niedriger Wattzahl in der Mikrowelle schmelzen. Das Marzipan in der Mikrowelle oder im Backofen bei 30–50 °C ganz leicht erwärmen. Die flüssige Schokolade und das Marzipan zur Buttermischung geben. Haselnussöl, Haselnussgrieß und die Erdnüsse unterrühren. Auf den Boden eines runden oder viereckigen Backrahmens (diesen klein eingestellt, Durchmesser ca. 15–18 cm) streichen und im vorgeheizten Backofen bei 160 °C ca. 40 Minuten backen.

Ringelblumenmuffins

125	g	Milch
1 1/2	EL	Ringelblumenblüten als Pulver (Apotheke oder Reformhaus)
175	g	Mehl
1	gestr. EL	Backpulver
1/2	TL	Salz
3	EL	Pflanzenöl
4	EL	Honig
1		Ei
1	EL	Butter
		evtl. Schokoladenglasur
12–15		Muffinformen

Die Milch zum Kochen bringen und das Ringelblumenpulver dazugeben. Das Mehl in ein separates Gefäß sieben. Backpulver und Salz untermischen. Das Öl zur Milch geben und gut verrühren. Die Milch auf Zimmertemperatur abkühlen lassen. Nach und nach die Mehlmischung, den Honig und das Ei unterrühren.

Muffinformen mit Butter einfetten und zu zwei Dritteln füllen. Bei 175 °C im vorgeheizten Backofen 20 Minuten backen. Je nach Geschmack mit Schokoladenglasur verzieren.

Fenchelplätzchen

Fenchelsaat in einer Pfanne ohne Öl leicht anrösten und anschließend in einem Mörser zerstoßen. Mit den anderen trockenen Zutaten vermischen, etwas anhäufeln und in die Mitte eine Mulde drücken. Honig und Butterflöckchen hineingeben und alles zu einem Teig verkneten. 25 Minuten ruhen lassen. Teig mithilfe von Klarsichtfolie zu Rollen formen (Durchmesser wie eine 2-Euro-Münze) und in ca. 1/2 cm dicke Scheiben schneiden. Auf einem mit Backpapier ausgelegten Blech im vorgeheizten Backofen bei 200 °C ca. 10 Minuten backen.

1	EL	Fenchelsaat
200	g	Weizenmehl
50	g	Sesamsaat
1/4	TL	Zimtblüte, gemahlen
1	TL	Backpulver
50	g	Akazienhonig
125	g	weiche Butter

Ringelblume

Ringelblumen können nicht nur in getrockneter Form als Pulver wie bei den Muffins auf Seite 26 verwendet werden. Frische Blüten, die man von Juni bis Oktober pflücken kann, passen mit ihrem leicht bitteren Aroma gut zu Schnittlauch und Dill. Die sattgelben Blütenblätter mussten in früheren Zeiten als Safranersatz herhalten und dienten dem Färben von Butter. Zudem schätzte und schätzt man sie als Hauptbestandteil der Calendula-Creme, die bei der Wundheilung kleine Wunder vollbringt und Entzündungen hemmt. In der Kosmetikindustrie spielt sie deshalb keine geringe Rolle. In früheren Zeiten war sie auch deshalb populär, weil man zumeist an ihr das beliebte „Er liebt mich, er liebt mich nicht“-Ritual vollzog.

Chutney von Fenchelsaat,
Zwiebelsamen und Tomate

2	EL	Fenchelsaat
1	TL	Zwiebelsamen
1	TL	ganzer Kreuzkümmel
1	TL	Senfsaat
2		getrocknete Chilischoten
4	EL	geschmacksneutrales Öl*
300	ml	Weißweinessig
350	g	brauner Zucker
1	kg	Tomaten, geviertelt
		Salz

Die Würzzutaten in dem Öl anschwitzen. Essig und braunen Zucker zufügen und aufkochen lassen. Die Tomaten hinzugeben und köcheln lassen, bis das Chutney eine leicht feste Konsistenz hat. Salzen und evtl. mit dem Stabmixer oder in der Küchenmaschine leicht pürieren.

Das Chutney passt zu Fisch, Fleischgerichten und auch würzigem Käse.

Gemüse, Obst & Hülsenfrüchte

Zander-Süßholz-Saté
mit krossen Steckrübenwürfeln

2 Zanderfilets à 200 g
4 Stangen Süßholz (Gewürzgeschäft oder Apotheke)
Fleur de Sel *
4 EL geschmacksneutrales Öl * zum Braten
2 mittelgroße Köpfe Radicchio (Treviso)
2 TL brauner Zucker
2 EL Olivenöl
2 Schuss Essig (z. B. Waldbeerenbalsam)
Salz
2 Steckrüben
1 l geschmacksneutrales Öl * zum Frittieren

Die Zanderfilets säubern und in feine Streifen schneiden. Die Süßholzstangen halbieren und an einem Ende etwas anspitzen. Die Fischstreifen auf die Süßholzstäbchen schieben und mit etwas Fleur de Sel bestreuen. In Öl leicht anbraten.

Die Radicchioköpfe vierteln und mit dem braunen Zucker in Olivenöl in einer Pfanne anbraten. Sobald der Zucker karamellisiert, mit Essig ablöschen und salzen.

Die Steckrüben schälen und in feine Würfel oder Stifte schneiden. Im heißen Öl kross frittieren, auf Küchenkrepp entfetten und mit Fleur de Sel bestreuen.

Den Radicchio fächerförmig auf Tellern anrichten. Die Steckrübenwürfel hinzugeben und die Zander-Süßholz-Satéspieße dazulegen.

Steckrübe – Kohl- bzw. Steckrüben werden bei jüngeren Leuten langsam wieder interessant, die Älteren erinnert das Wurzelgemüse zu sehr an die Notzeiten nach dem letzten Weltkrieg. Es wird inzwischen annährend ganzjährig angeboten. Raffiniert zubereitet haben die gelbfleischigen Sorten mit rotem oder grünem Kopf das Zeug zur Gaumenfreude.

Taubenbrust
mit Gewürzrotkohl-Salat

Für die Taubenbrust

4	Taubenbrüste, gesäubert, ohne Knochen
	Salz
	schwarzer Pfeffer aus der Mühle
1 EL	geschmacksneutrales Öl*

Für den Gewürzrotkohl-Salat

Am Vortag zubereiten:

je 1	Prise Zimtblüte, Piment, Gewürznelke, Sternanis, gem. Kubebenpfeffer* (oder schwarzer Pfeffer aus der Mühle)
2 EL	weißer Aceto Balsamico
50 ml	Traubenkernöl
2 EL	Honig
	Salz
	evtl. etwas Zucker
200 g	frischer Rotkohl, fein gehobelt

Für die Taubenbrust das Fleisch salzen und pfeffern. Im heißen Öl von beiden Seiten kross anbraten. Bei 135 °C im Backofen ca. 8–10 Minuten garen. Das Fleisch sollte innen noch schön rosa und zart sein.

Für den Rotkohlsalat die Gewürze in einer Pfanne ohne Fett anrösten und dann mit einer Gewürzmühle oder in der Küchenmaschine ganz fein mahlen. (Es sollte 1 gestrichenen TL Gewürze ergeben.) Essig, Öl, Honig und 50 ml Wasser leicht erhitzen und mit einem Mixer aufschäumen. Gemahlene Gewürze zufügen und mit Salz abschmecken. Evtl. mit etwas Zucker und Essig noch einmal abschmecken. Den Rotkohl in die heiße Vinaigrette geben und alles gut durchmischen.
Den Salat 1 Tag ruhen lassen und dann nach Belieben noch einmal nachwürzen. Leicht erhitzen und lauwarm zur Taubenbrust servieren.

Als Beilage passt zu diesem Gericht ein Preiselbeerkompott.

Taubenbrust – Tauben sind nicht gerade groß und ihre Einzelteile erst recht klein, was die Nachfrage in Grenzen hält. Am besten kauft man für 4 Personen 2 ganze Tauben und macht sich die Mühe, Brustfilets (und Keulen) selbst auszulösen. Dabei sollte man behutsam vorgehen, damit die zartesten Stücke des Vogels unversehrt bleiben.

Rotkohl

Obwohl er ganzjährig angeboten wird und zur Sommerzeit fein geraspelt eine ebenso wohlschmeckende wie gesunde Zutat in Rohkostsalaten darstellt, schätzt man ihn bei uns überwiegend als winterliche Gemüsebeilage mit Äpfeln zu großen Braten. Dabei machen es uns die europäischen Nachbarn vor, wie vielseitig das Gemüse sein kann: Griechen etwa kombinieren ihn mit Hammel und Paprika und Russen mit Sellerie und Petersilienwurzel. Ein Schuss Essig beim Garen verhindert, dass er blass wird. Seit Jahren geht der Verbrauch an frischem Rotkohl zurück, seine Zukunft scheint leider nur noch in der traditionellen Sauerkonserve zu liegen.

Cremesuppe von Pastinaken
mit Galgantschaum

700	g	Pastinaken, geschält
200	g	Kartoffeln, geschält
3		Äpfel, geschält
3	EL	Butter
1	Prise	gemahlener Kreuzkümmel
50	ml	Weißwein
1	l	Gemüsebrühe
100	ml	Apfelsaft
1	Bund	glatte Petersilie, gehackt
		Salz
		schwarzer Pfeffer aus der Mühle
2	EL	Crème fraîche
50	ml	Milch
1	TL	Galgant*, gemahlen (Asialaden)

Die Pastinaken, Kartoffeln und 2 Äpfel in kleine Würfel schneiden. In einem Topf in 2 EL Butter mit Kreuzkümmel andünsten. Mit Weißwein ablöschen und etwas einkochen. Mit Gemüsebrühe und Apfelsaft auffüllen. Die Suppe leicht kochen lassen. Wenn alles weich ist, die Petersilie dazugeben und mit dem Stabmixer pürieren. Mit Salz und Pfeffer würzen, kurz aufkochen und mit Crème fraîche verfeinern. Den dritten Apfel in die Suppe raspeln.

Für den Galgantschaum die Milch mit 1 EL Butter, Galgant und etwas Salz leicht aufkochen und dann mit dem Stabmixer aufschäumen.

Die Suppe in Tassen oder Gläser geben und mit dem Galgantschaum krönen.

Pastinaken – Die alte Kulturpflanze wurde von Kartoffeln und Möhren weitgehend verdrängt. Dabei hat sie zumindest mehr zu bieten als Möhren: Ihre ätherischen Öle verleihen ihr einen würzigeren Geschmack, und auch mit ihrem Mineralstoff- und Vitamingehalt schneidet sie besser ab. Nach Frosteinwirkung können Pastinaken zudem noch süßer schmecken. Dank engagierter Biobauern erlebte das Gemüse ein Comeback und ergänzt in Restaurants das sonst übliche Angebot an Gemüsebeilagen. Pastinaken sind von Oktober bis in das Frühjahr hinein auf Wochenmärkten oder beim gut sortierten Gemüsehändler erhältlich.

Kichererbsencurry

Getrocknete Kichererbsen über Nacht in kaltem Wasser einweichen. Am nächsten Tag in Salzwasser ca. 25 Minuten kochen, bis sie weich sind. Abschrecken und dann die weiche Schale abpellen. Das geht problemlos, wenn man eine Handvoll Kichererbsen zwischen beiden Handflächen aneinanderreibt. Kichererbsen aus der Dose abtropfen lassen.

Paprika, Frühlingszwiebeln und Kichererbsen in dem Öl anbraten. Grüne Currypaste unterrühren, mit Kokosmilch und Gemüsebrühe ablöschen und 10 Minuten leicht köcheln lassen. Mit Limettensaft abschmecken und mit Salz und Pfeffer würzen.

Dieses Kichererbsencurry kann man mit Reis oder auch ohne Beilage servieren.

340 g	Kichererbsen, getrocknet oder 1 Dose (375 g)
	Salz
3	rote Paprikaschoten, in feine Streifen geschnitten
1/2 Bund	Frühlingszwiebeln, in Ringe geschnitten
2 EL	geschmacksneutrales Öl*
1 EL	grüne Currypaste*
200 ml	Kokosmilch
200 ml	Gemüsebrühe
1	Limette (der Saft)
	Pfeffer aus der Mühle

Kichererbseneintopf
mit Koriander und buntem Gemüse

2	TL	geschmacksneutrales Öl*
1		große Zwiebel, gewürfelt
2		Knoblauchzehen, gehackt
5		Tomaten, in kleine Würfel geschnitten
1		rote Paprikaschote, in Würfel geschnitten
1/2		Zucchini, in Würfel geschnitten
1		Möhre, geschält, in Würfel geschnitten
1	TL	gemahlener Kreuzkümmel
1/2		getrocknete Chilischote
100	g	Kartoffeln, geschält, in feine Würfel geschnitten
1	Dose	Kichererbsen (375 g)
		Salz
		Pfeffer aus der Mühle
3	Stängel	frischer Koriander, gehackt
		Crème fraîche (nach Geschmack)

Das Öl in einer großen Pfanne erhitzen. Zwiebel, Knoblauch, Tomaten, Paprika, Zucchini und Möhre darin anschwitzen. Kreuzkümmel und Chili unterrühren und ca. 3 Minuten köcheln lassen. Kartoffeln und Kichererbsen mit der Flüssigkeit aus der Dose hinzugeben und mit Salz und Pfeffer würzen. Einmal aufkochen und dann bei mittlerer Hitze ca. 15 Minuten köcheln lassen, bis die Kartoffeln weich sind. Vor dem Servieren den frischen Koriander einrühren. Nach Geschmack mit Crème fraîche verfeinern.

Kichererbsen

Im Mittelmeerraum sowie in Vorderasien, Nordafrika und Indien kennt man die vielseitige Verwendbarkeit der Hülsenfrucht seit jeher und bereitet sie mit viel Lust auf Abwechslung zu. Sonderbarerweise spielt sie in unserer Ernährungskultur nur eine geringe Rolle. Sie hätte mehr Beachtung verdient, denn ihr nussiger Geschmack, ihr Reichtum an Mineralstoffen sowie lebensnotwendigen Aminosäuren und eine satte Portion Ballaststoffe machen sie sehr interessant. Vor allem gemahlene Kichererbsen lassen sich zu vegetarischen Köstlichkeiten verarbeiten, die mehr zu bieten haben als manches Fleisch und es nicht vermissen lassen.

Püree von dicken Bohnen
mit getrockneten Tomaten, Pinienkernen und Kräutern

650 g	frische dicke (grüne) Bohnenkerne	
	Salz	
2 EL	Crème fraîche	
1	Knoblauchzehe	
50 g	getrocknete, in Öl eingelegte Tomaten, abgetropft	
20 g	Pinienkerne, ohne Fett goldbraun geröstet	
5 EL	frische Kräuter, gehackt (Oregano, Currykraut, Basilikum, Salbei)	
1/2	Limette (der Saft)	
	schwarzer Pfeffer aus der Mühle	

Die Bohnen in Salzwasser 5 Minuten blanchieren, abgießen und mit kaltem Wasser abschrecken. Nun die Bohnenkerne aus der weichen Haut drücken. Die Hälfte der Bohnenkerne kurz erhitzen und mit Crème fraîche und der Knoblauchzehe in der Küchenmaschine oder mit dem Stabmixer pürieren.

Die getrockneten Tomaten in feine Streifen schneiden und unter das Püree geben. Pinienkerne und Kräuter zufügen. Zum Schluss mit Limettensaft, Salz und Pfeffer abschmecken. Restliche ganze Bohnenkerne dazugeben und noch einmal kurz aufkochen lassen.

Passt gut zu Fischgerichten und zu Lamm.

Dicke Bohnen – Für manchen Genießer sind sie der Inbegriff sommerlich-rustikaler Küche – und nicht nur im Rheinisch-Westfälischen, wo man sie besonders liebt. Ihr Anbau geht in Europa immer weiter zurück. Mit Speck oder zu Schweinefleisch, in Pürees, Cremesuppen und Salaten werden sie als Delikatesse meist verkannt. Frisch bekommt man sie von Juni bis September.

Kohlrabigemüse
mit Vanille und Chili

8		Kohlrabi, in feine Streifen oder Stifte geschnitten
1		mittelgroße weiße Zwiebel, in feine Würfel geschnitten
1/2		Vanilleschote (das ausgeschabte Mark)
1/6		getrocknete Chilischote
1	EL	brauner Zucker
2	EL	Butter
50	ml	Gemüsebrühe
		Salz, Pfeffer aus der Mühle
75	g	Crème fraîche
1	EL	frischer Oregano, gehackt

Die Kohlrabi mit Zwiebel, Vanillemark, Chilischote und Zucker in der Butter anschwitzen. Mit der Gemüsebrühe auffüllen und mit Salz und Pfeffer abschmecken. Mit Crème fraîche und Oregano verfeinern.

Dieses Gemüse passt gut zu gebratenem Kaninchenrücken oder krossem Zanderfilet.

Kohlrabi – Sonderbarerweise isst man die ganzjährig erhältlichen Knollen nur im deutschsprachigen Raum. Es gibt blauviolette, grüne und weiße Sorten, wobei Letztere am ehesten zu Holzigkeit neigen. Die leicht längliche Sorte Butterkohlrabi hat ohne Frage das feinste Aroma. Nicht nur die Köpfe trumpfen mit guten Portionen an Mineralstoffen und Vitamin C sowie Beta-Carotin auf: Die Blätter enthalten fast dreimal so viel. Deshalb empfiehlt es sich, das Grün klein gehackt mitzuverwenden. Die meisten Köche begnügen sich mit den üblichen Zubereitungsmethoden – dünsten und in weißer Sauce baden oder, wie verwegen, braten.

Schlehen-Gewürzkompott

1,5	kg	Schlehen ohne Rispen (auf Wochenmärkten oder selbst sammeln)
500	ml	milder Weinessig
400	g	Zucker
5	EL	Honig
1/4	TL	Zimt
5		Gewürznelken
1	EL	weiße Pfefferkörner
1	TL	Wacholderbeeren

Die Schlehen in 500 ml kaltem Wasser aufsetzen und bis kurz vor dem Aufkochen erhitzen. Dann in einem Sieb abgießen. Den Essig mit dem Zucker und Honig aufkochen. Die Gewürze und Schlehen zufügen. Erneut knapp aufkochen. Wichtig: Die Schlehen dürfen nicht sprudelnd kochen, sonst wird das Kompott breiig. 24 Stunden zugedeckt stehen lassen. Am nächsten Tag noch einmal kurz aufkochen. In vorgewärmte Einweckgläser füllen und bei 85 °C einwecken. (Siehe TIPP)

Das Kompott zu Käse und Wildgerichten reichen.

TIPP Das klassische Einwecken ist vergleichsweise aufwendig, aber es lohnt sich. Man kann die erhitzten Schlehen jedoch auch einfach in heiß ausgespülte Gläser mit Schraubverschluss füllen. Dann sofort den Deckel verschließen.

Schlehen – Selbst pflücken lohnt sich: Schlehen besitzen ein feines pflaumenartiges Aroma und werden auch als „Mutter der Pflaumen" bezeichnet. Sie sollten vor dem Sammeln im Herbst und Winter etwas Frost abbekommen, damit sich ihr hoher Gerbstoffgehalt reduziert (alternativ kann man sie in den Tiefkühler legen). Dann erfreuen sie mit ihrem ausgeprägten fruchtigen Geschmack. Im Übrigen wirken sie reinigend auf Blase und Niere. Zum Saftmachen die Früchte mit derselben Menge Wasser 15 Minuten kochen und alles durch ein Tuch pressen. Auf 1 l Flüssigkeit 500 g Zucker geben, einmal aufkochen lassen und in Flaschen sterilisieren. Schmeckt mit Milch oder Wasser.

Hagebutten-Gewürzmousse

4	Blatt	Gelatine
450	g	Hagebuttenkonfitüre
250	ml	trockener Weißwein
1	Prise	Zimtblüte, gemahlen
1		Sternanis
3		Eigelb
150	g	Sahne

Die Gelatine nach Packungsanweisung in kaltem Wasser einweichen. Die Hagebuttenkonfitüre mit Weißwein, Zimtblüte und Sternanis leicht zum Kochen bringen. Den Sternanis entfernen. Die Konfitüre leicht abkühlen lassen. Dann nach und nach unter stetem Rühren die Eigelbe mit dem Schneebesen unterschlagen. Über dem Wasserbad aufschlagen, bis die Masse leicht dicklich wird, aber nicht kocht. Konsistenzprobe: Einen Kochlöffel in die Masse stecken und herausziehen. Wenn die Masse am Löffel kleben bleibt und nicht verläuft und man mit dem Finger einen bleibenden Strich durch die Masse ziehen kann, ist sie richtig. Dann vom Wasserbad nehmen und die ausgedrückte Gelatine darin auflösen. Kalt stellen, bis die Masse leicht zu gelieren beginnt.

Die Sahne mit einem Rührgerät auf niedriger Stufe steif schlagen, damit nicht zu viel Luft unter die Sahne kommt. Sahne unter die Mousse heben und mindestens 3 Stunden fest werden lassen.

Dieses Dessert kann man zum Beispiel mit Nougateis servieren.

Hagebutten – Die glatten, glänzend roten Scheinfrüchte von Wildrosen nennt man Hagebutten. Da Ernte und Zubereitung vergleichsweise mühsam sind, nimmt man zur Saison am besten frisches Hagebuttenmark (ohne Zuckerzusatz), das zum Beispiel in Reformhäusern oder auf Wochenmärkten angeboten wird. Damit lässt es sich gesund genießen: Der hohe Vitamin-C-Gehalt von Hagebutten bricht alle Rekorde und schlägt jede Erkältung in die Flucht. Karotin (Provitamin A) und Pektin schützen vor Krebs, Pektin zusätzlich vor Arterienverkalkung, und Flavonoide halten den menschlichen Organismus jung.

Ebereschen-Kürbis-Relish
mit Chili und Zimtblüte

300 g	Hokkaidokürbis oder Muskatkürbis, geschält gewogen
1	mittelgroße Zwiebel
150 g	Äpfel, geschält, fein gewürfelt
200 g	Ebereschen (Vogelbeeren)
1/2 TL	frische Ingwerwurzel, fein gerieben
1	Chilischote, in feine Streifen geschnitten
1	Nelke
3	Zimtblüten
1 TL	Salz
100 g	brauner Zucker
200 ml	milder weißer Aceto Balsamico *

Das Kürbisfleisch grob würfeln. Mit allen übrigen Zutaten unter stetigem Rühren kurz aufkochen und dann bei milder Hitze ca. 40 Minuten leicht köcheln lassen. Das so entstandene Relish bekommt eine etwas cremige, marmeladenartige Konsistenz. Noch einmal mit Salz und evtl. Zucker abschmecken. Wenn die Ebereschen noch keinen Frost bekommen haben, sind sie saurer, dann muss man etwas kräftiger nachsüßen. Das Relish in Gläser abfüllen und mit einem Schraubverschluss verschließen. Im Kühlschrank aufbewahren.

Dieses Relish ist eine wunderbare Beilage zu Käse, Wild, Lamm oder Ente.

TIPP Mit Vanille verfeinert, entsteht eine reizvolle Geschmacksvariante.

Ebereschen – Im Spätsommer, wenn die auch als Vogelbeeren bekannten Früchte reif sind, lohnt sich ein kleiner Ernteausflug. Die orangeroten Beeren sind ein altbewährtes Mittel gegen Erkältungen und Magenbeschwerden. Die Früchte der echten, „wilden" Eberesche sind sehr bitter, doch wenn man sie für ein paar Stunden in Essigwasser legt, gut abspült, kocht und passiert, erhält man ein wohlschmeckendes fruchtiges Mus. Das wiederum ist eine gute Ausgangsbasis für verfeinerte Mischungen mit anderen Früchten (zum Beispiel Äpfel, Birnen, Quitten), außerdem vertragen sich Ebereschen gut mit kräftigen Gewürzen.

Rhabarbermousse
mit Erdbeer-Pfeffer-Salsa

300	g	Rhabarber
2	EL	Zucker
1/2		Zitrone (der Saft)
4	Blatt	Gelatine
2		Eiweiß, steif geschlagen
150	g	Sahne, steif geschlagen
150	g	Erdbeeren, in feine Scheiben oder Würfel geschnitten
2		Szechuanpfefferkörner, zerstoßen
1		Limette (die abgeriebene Schale)
3	EL	Erdbeeren, püriert

Den Rhabarber schälen und in Stücke schneiden. Mit Zucker und Zitronensaft aufkochen. Die Flüssigkeit abgießen und den Rhabarber pürieren. Die Gelatine nach Packungsanweisung vorbereiten und im warmen Püree unter Rühren auflösen. Das Püree abkühlen lassen und die Eiweiße unterziehen. Zum Schluss die Sahne unterheben. In Portionsschalen oder eine große Schüssel füllen und kalt stellen. Die Rhabarbermousse sollte beim Servieren durchgekühlt sein.

Für die Erdbeer-Pfeffer-Salsa alle restlichen Zutaten mischen. Die Salsa auf die Rhabarbermousse löffeln oder kleine Nocken von der Rhabarbermousse abstechen und mit der Salsa dekorativ auf Tellern anrichten.

Rhabarber

Die Frage, ob es sich bei dem Knöterichgewächs um Gemüse oder Obst handelt, wurde so beantwortet: Botanisch ist es ein Gemüse, bezeichnet und verarbeitet wird es aber als Obst – man denke etwa an Rhabarbermarmelade und Rhabarberkompott. Nur die fleischigen und extrem kalorienarmen Blattstiele sollten in den Topf, denn das Blattgrün enthält auch bei ganz jungen Trieben hohe Mengen der gesundheitsschädlichen Oxalsäure, die sich in den Stielen erst ab Mitte/Ende Juni konzentriert. Wer Probleme mit Nieren- oder Gallensteinen hat, sollte dieses Obst besser nicht auf die obersten Plätze seines Ernährungsplans setzen.

Stachelbeermousse
und Limettenbaiser im Glas

500	g	Stachelbeeren
175	g	Puderzucker
150	ml	Crème fraîche
2		Eiweiß
75	g	Zucker
		Salz
1		Limette (die abgeriebene Schale)

Die Stachelbeeren mit Puderzucker zum Kochen bringen. Abkühlen lassen. Crème fraîche ganz leicht steif schlagen und behutsam unter die erkalteten Stachelbeeren heben.

Für die Baisers Eiweiße steif schlagen, dabei ganz langsam Zucker, eine Prise Salz und die Limetteschale einrieseln lassen. Eiweißmasse mit einem Spritzbeutel (ersatzweise einen TK-Beutel mit abgeschnittener Spitze nehmen) auf ein mit Backpapier ausgelegtes Blech in 20 Kringeln von ca. 3 cm Durchmesser spritzen. Bei 175 °C im vorgeheizten Backofen in ca. 10 Minuten zu Baisers backen. Sie sollen noch schön weich sein.

Die Mousse löffelweise und abwechselnd mit den Baisers in Gläser von ca. 4 cm Durchmesser schichten. Eiskalt servieren.

Stachelbeer-Vanille-Mousse
mit Knusperhippen

Für die Mousse

- 200 g Stachelbeeren
- 200 g Vollmilchjoghurt
- 1 Zitrone (der Saft)
- 2 Vanilleschoten (das ausgeschabte Mark)
- 80 g Puderzucker
- 8 Blatt Gelatine
- 250 g Sahne, geschlagen
- 4 Eiweiß
- 2 EL Zucker

Für die Knusperhippen

- 150 g Puderzucker
- 1 Päckchen (2 1/2 g) Apfelpektin (Reformhaus)
- 120 g Butter
- 50 g Traubenzucker
- 1 TL schwarze Sesamsaat

Für die Mousse die Stachelbeeren mit ca. 50 ml Wasser in einem Topf kurz aufkochen lassen und dann mit einem Stabmixer pürieren. Wenn man keine Kerne und Schalenreste möchte, das Püree anschließend durch ein Sieb streichen. Joghurt, Zitronensaft, Vanillemark und Puderzucker cremig verrühren. Stachelbeerpüree behutsam unterziehen. Gelatine nach Packungsanweisung vorbereiten und in 50 g Sahne bei geringer Hitze auflösen. Nach und nach unter die Joghurtmasse rühren, dabei Klümpchenbildung vermeiden. Eiweiß und Zucker zu Schnee schlagen und zusammen mit der restlichen geschlagenen Sahne unter die Joghurtmasse heben. In eine Schüssel oder Schälchen füllen und kalt stellen.

Für die Knusperhippen Puderzucker mit Pektin vermischen. Butter, Traubenzucker und 50 ml Wasser hinzugeben. Alles bei geringer Hitze unter leichtem Rühren erhitzen, bis eine Bindung entsteht. Die Masse hauchdünn auf ein mit Backpapier ausgelegtes Blech streichen. Mit schwarzem Sesam bestreuen. Im vorgeheizten Ofen bei 190 °C ca. 8–10 Minuten backen. Herausnehmen, etwas abkühlen lassen und in ungleichmäßige Stücke brechen.

Kurz vor dem Servieren die Stachelbeer-Vanille-Mousse mit den Knusperhippen dekorieren.

Holunderbeersmoothie
mit Joghurt

Die Holunderbeeren säubern, dabei faulige Beeren und Stiele entfernen. Den Honig oder Zucker zufügen und behutsam mischen. Dann für ca. 3 Stunden einfrieren. Gefrorene Beeren mit Kirschsaft, Zitronensaft, Joghurt und den Würzzutaten im Mixer fein pürieren. Sofort in Gläser verteilen und servieren. Für jede Zeit des Tages oder als Nachtisch.

300	g	Holunderbeeren
100	g	Honig oder Zucker
200	ml	Kirschsaft
200	ml	Zitronensaft
4	EL	griechischer Sahnejoghurt
1		Vanilleschote (das ausgeschabte Mark)
1	Prise	gemahlener Szechuanpfeffer

Holunderbeeren – In Österreich und der Schweiz wird der Holunder gewerbsmäßig angebaut, hierzulande wächst er meist wild. Von September bis November lohnt sich ein Erntestreifzug, denn die Beeren schmecken köstlich, und ihr Saft ist ein altes Hausmittel bei erkältungsbedingtem Husten und Bronchialerkrankungen. Wichtig: Nur die reifen schwarzen Beeren verwenden und unbedingt kochen, sonst drohen Darmverstimmungen und Übelkeit. Ihr hoher Selengehalt – der höchste aller Früchte überhaupt – macht stark gegen radioaktive Einflüsse, Selen bindet zudem Schwermetalle. Märchenhafte Namenspatin der Frucht ist Frau Holle.

Stachelbeeren

Bei den Briten erfreuen sie sich traditionell großer Beliebtheit, bei uns hält man sich eher zurück. Dabei sind sie mit ihrer charakteristischen Fruchtigkeit in der Küche überaus vielseitig einsetzbar für Chutneys, Kompotte, Fruchtsaucen, Tortenbeläge und manches mehr. Außerdem sorgen die Beeren dank eines ausgewogenen Kalium-Kalzium-Magnesium-Cocktails für feste Knochen und gute Zähne. Nicht zu vergessen ihr hoher Vitamin-C-Gehalt. Aber sie müssen vollreif sein, wenn alle ihre Wohltaten optimal zur Geltung kommen sollen (Juni bis August).

Holunderblütenschaum

- 50 ml Holunderblütensirup
- 150 ml Wasser
- 50 ml Zitronensaft
- 50 g Sahne
- 2 Blatt Gelatine

Alle flüssigen Zutaten zusammen aufkochen. Dann die nach Packungsanweisung vorbereitete Gelatine einrühren. Die Masse im Kühlschrank leicht abkühlen lassen und dann mit der Aufschlagscheibe eines Stabmixers sehr schaumig schlagen. (Statt des Mixers kann man auch einen Sahnespender benutzen, dann wird die Masse schaumiger.)

TIPP Für ein erfrischendes Dessert im Sommer kann man den Schaum über eine Kugel Zitronensorbet geben.

Holunderbeerensorbet
mit Piment und gerösteter Kakaobohne

200	g	Holunderbeeren
125	g	Zucker
80	ml	Weißwein
2	EL	Zitronensaft
1		Lorbeerblatt
2		Nelken
1	Prise	Pimentpulver
1	TL	geröstetete, geschrotete Kakaobohnen (Gewürzgeschäft)

Die Holunderbeeren waschen und mit ca. 40 g Zucker vermischen. 1 Stunde ruhen lassen. Den übrigen Zucker in 150 ml Wasser rühren und 5 Minuten kochen lassen, bis der Zucker komplett aufgelöst ist. Wein, Zitronensaft und Gewürze zufügen und alles aufkochen. Nelken und Lorbeer aus dem Zuckersud entfernen. Nun die Holunderbeeren in den Topf geben und ca. 7 Minuten köcheln lassen. Die Masse pürieren und leicht passieren. Die Kakaobohnenbrösel dazugeben.

Die Sorbetmasse in einer Haushaltseismaschine gefrieren lassen. Wer keine Eismaschine zur Verfügung hat, kann das Sorbet ins Tiefkühlfach stellen. Dann alle 20 Minuten einmal kräftig mit dem Schneebesen umrühren, bis es die gewünschte geschmeidige Konsistenz hat.

Holunderblütengranité

200	g	frische Holunderblüten
125	g	Zucker
80	ml	Weißwein
2		Gewürznelken
1		Lorbeerblatt
2	EL	Zitronensaft

Abgezupfte Holunderblüten behutsam waschen und mit ca. 40 g Zucker vermischen. 1 Stunde ruhen lassen. Den übrigen Zucker in 350 ml Wasser rühren und 5 Minuten kochen lassen, bis der Zucker vollständig aufgelöst ist. Wein, Gewürze und Zitronensaft dazugeben und alles aufkochen. Nelken und Lorbeerblatt aus dem Zuckersud entfernen und die eingeweichten Holunderblüten in den Topf geben. Ca. 7 Minuten köcheln lassen. Flüssigkeit pürieren und durch ein nicht ganz so feines Sieb passieren.

Abkühlen lassen und ins Tiefkühlfach stellen. Während des Gefrierens gelegentlich umrühren.

TIPP Holunder blüht von Mai bis in den Juli. Die Blüten werden auch auf manchen Wochenmärkten angeboten.

Holunderblüten

Am besten pflückt man sie am Morgen – dann enthalten Holunderblüten das meiste Aroma, das an Passionsfrüchte erinnert. Doch kaum jemand macht sich noch die Mühe, aus ihnen köstlichen Sirup, fein moussierenden Sekt und Marmelade zu machen. In südlichen Regionen serviert man hin und wieder köstliche Holderkrapfen: Dafür wird die ganze Blütendolde durch einen Mehlteig gezogen und anschließend in heißem Fett ausgebacken. Im Krankheitsfall folgt dem Genuss sogleich die schon in früheren Zeiten geschätzte Heilwirkung: Heißer Blütentee ist schweißtreibend und hilft bei Erkältungen.

Eier & Milchprodukte

Club-Sandwich
mit Geflügelleber, Brioche und Wachtelei

- 1 Brioche (frz. Hefegebäck; bei manchen Bäckern erhältlich)
- 250 g Hühnerleber, fein geputzt
- 50 g Butter
- 4 Wachteleier

Für selbst gemachte Brioche

- 250 g Mehl
- 1/2 Würfel Hefe
- 1 TL Zucker
- 2 Eier
- 1 TL Salz
- 150 g weiche Butter
- 1 Eigelb

Die Brioche in feine Scheiben schneiden und diese kurz antoasten. In der Zwischenzeit die Hühnerleber in einer Pfanne mit etwas Butter von allen Seiten ganz leicht anbraten.
Die Wachteleier bei geringer Hitze in einer Pfanne mit Butter zu Spiegeleiern braten. Die Briochescheiben dünn buttern, die Leber auflegen und darauf die Wachteleier platzieren.
Zu dem Club-Sandwich passt ein Löwenzahnsalat mit einer milden Vinaigrette.

Selbst gemachte Brioche

Das Mehl in eine Schüssel sieben. In die Mitte eine Mulde drücken. Die Hefe hineinbröseln und den Zucker hinzufügen. 2 EL lauwarmes Wasser über die Hefe geben und an einem warmen Ort ca. 10 Minuten gehen lassen. Die zimmerwarmen Eier, Salz und Butter zufügen. Daraus einen geschmeidigen Teig kneten. 1/2 Stunde ruhen lassen und dann in eine gefettete Kastenform geben. Die Brioche mit Eigelb bestreichen und im vorgeheizten Backofen bei 120 °C ca. 20 Minuten backen. Danach die Temperatur auf 150 °C erhöhen und die Brioche weitere 20 Minuten backen. Aus dem Ofen herausnehmen und abkühlen lassen.

Hühnerleber – Als Innerei steht auch die Hühnerleber nicht auf den vorderen Plätzen kulinarischer Begehrlichkeiten. Dabei verfügt sie über einen milden Geschmack und eine zarte Beschaffenheit – Eigenschaften, die Pilafs, Terrinen, Risottos und traditionellen italienischen Ragoutsaucen die typische Note in Geschmack und Konsistenz verleihen. Sie gehört zu den wertvollsten tierischen Nahrungsmitteln, da sie hochwertiges Eiweiß, diverse Vitamine sowie Kalium, Kalzium und Eisen liefert. Dabei hat sie nur maßvolle 136 Kalorien pro 100 g. Die Lebern der Bressehühner werden besonders geschätzt.

Wachtelei

Mit seinen 9 g ist es nur ein Viertel so groß wie das allbekannte Hühnerei. Man erkennt es an der ockergelben und bräunlich-schwarz gefleckten Schale, das an Schutz vor Nestraub denken lässt, doch Wachteleier stammen hierzulande von Zuchttieren. Manchmal findet man sie sogar im Supermarkt. Die gehobene Küche kommt selten ohne Wachteleier aus, weil sie sich als niedliches Spiegelei bestens auf Häppchen und Fingerfood setzen lassen. Auch in Japan und China sind sie ausgesprochen populär. Die kleinen Eier haben eine zähe Innenhaut, und man sollte rohe Exemplare vor dem Braten beherzt mit einem Messer aufschlagen. Ihre Kochzeit beträgt 4–6 Minuten.

Wildkräuter-Graukäse-Nocken
auf Spinat

1		kleine Zwiebel, fein gewürfelt
1	EL	Butter
300	g	Toastbrot, ohne Rinde, fein gewürfelt
2		Eier
350	ml	Milch, lauwarm
2	EL	Mehl
		Salz
1/2	EL	Schnittlauch, fein geschnitten
5	EL	gemischte Wildkräuter, gehackt (z. B. Schafgarbe, Pimpinelle, Rosmarin, Bärlauch)
125	g	Graukäse (auch Schottenkäse genannt; Käsegeschäft)
125	g	frischer Spinat, gewaschen
2	EL	Butter
1	Schuss	Sahne, nach Belieben
		Pfeffer aus der Mühle
		Muskatnuss, gerieben
1	EL	Semmelbrösel

Die Zwiebelwürfel in Butter anrösten und abkühlen lassen. Mit den Toastbrotwürfeln vermengen, Eier einrühren und die Milch darübergießen. Mehl, Salz, Schnittlauch und Wildkräuter unterrühren und die Masse 1 Stunde ruhen lassen. Den Graukäse zerbröckeln und die Hälfte unter den Teig mischen. Das Ganze in der Küchemaschine zu einem kompakten Teig verarbeiten. Mit zwei nassen Löffeln Nocken abstechen und diese in siedendem Salzwasser ziehen lassen, bis sie aufsteigen.

In der Zwischenzeit den Spinat in etwas Butter anschwenken. Nach Geschmack ein wenig Sahne dazugeben und mit Salz, Pfeffer und Muskat würzen.

Die Nocken auf dem Spinat anrichten, den restlichen zerbröckelten Käse darübergeben und mit Semmelbröseln bestreuen.

Angemachter Romadur
mit Honig

200	g	reifer Romadur
200	g	Quark
1		mittelgroße Zwiebel, fein gewürfelt
2	EL	Bier oder Weißwein
2	EL	Essig
1	EL	Honig
1/2	TL	Kümmel
1	TL	Paprikapulver
		Pfeffer aus der Mühle
2	EL	Schnittlauchröllchen

Den Romadur zerdrücken. Mit allen übrigen Zutaten außer dem Schnittlauch gründlich zu einer homogenen Masse verarbeiten. 5–6 Stunden durchziehen lassen. Den Schnittlauch kurz vor dem Servieren unterziehen.

Im Sommer mit frischem Graubrot als leichte Abendmahlzeit servieren.

TIPP Statt alkoholhaltiger Flüssigkeit kann man auch Milch verwenden.

Romadur – Möglicherweise hätte sich der dem Limburger ähnliche Weichkäse durchgesetzt, wenn er wie früher in den Pyrenäen aus Schafmilch hergestellt würde. Heutzutage stammt er aus dem Allgäu und wird aus Kuhmilch produziert. Inzwischen wird er selbst von vielen Käsehändlern vernachlässigt – zu Unrecht, denn er bietet eine deftige Abwechslung.

Limburger Käse
mit Honig mariniert

250 g	Limburger Käse
2	mittelgroße rote Zwiebeln, in feine Ringe geschnitten
1	mittelgroße weiße Zwiebel, in feine Ringe geschnitten
150–250 ml	Traubenkernöl
	Salz
	schwarzer Pfeffer aus der Mühle
1–2 EL	glatte Petersilie, gehackt
1 Prise	ganzer Kreuzkümmel, leicht zerstoßen (nach Belieben)
1 EL	Honig

Den Limburger Käse in Scheiben schneiden. In eine Auflaufform oder ein Tongefäß legen, mit den Zwiebelringen und dem Traubenkernöl bedecken. Salz, Pfeffer, Petersilie, Kreuzkümmel und Honig zufügen. Mindestens 1 Tag gekühlt ziehen lassen.

Dazu Pumpernickel oder Graubrot, mit Butter bestrichen, reichen. Das Gericht als Vorspeise in einem rustikalen Menü oder zu einer kernigen Vesper servieren. Als Getränk passt Federweißer besonders gut.

Limburger – Ein „Stinker" erster Güte, der aromatisch starke Partner braucht, wenn er mit seinem Geschmack nicht alles andere an die Wand spielen soll. Aber gerade diese Derbheit ist eine Herausforderung für die Zubereitung zünftiger Brotmahlzeiten. Ursprünglich kommt der ziegelförmige und rotschalige Weichkäse aus Belgien.

Graukäse

Einen unscheinbareren Käse kann man sich kaum vorstellen: Das brüchige Magermilcherzeugnis aus Tirol hat keine Rinde und keine Löcher, es ist gräulich marmoriert, außen speckig und besitzt einen weißen Kern. Er ist besonders fettarm und wird mit zunehmender Reife schärfer im Geschmack. Kein Schönling für die Käseplatte – dafür punktet er mit seinem sehr würzigen und leicht säuerlichen Aroma.

Kräuteromelett
mit Graukäse

4	Eier
100 g	Sahne (oder Milch)
	Salz
	Pfeffer aus der Mühle
1	mittelgroße Zwiebel, fein gewürfelt
100 g	Champignons, Pfifferlinge oder Steinpilze, in feine Scheiben geschnitten
2 EL	Öl
200 g	Graukäse (auch Schottenkäse genannt; Käsegeschäft)
25 g	fein gehackte Kräuter (z. B. Petersilie, Schnittlauch, Oregano)

Die Eier mit der Sahne verrühren und mit Salz und Pfeffer würzen. Die Zwiebelwürfel und Pilzscheiben in etwas heißem Öl anschwitzen. Die Eiermasse zugeben. Bei geringer Hitze stocken lassen. Den Käse reiben und aufstreuen. Sobald er leicht verlaufen ist, das Omelett mit einem Teigschaber zur Hälfte einklappen und 4 Minuten auf kleiner Hitze garen lassen.

Ein deftiges Gericht, das man schon zum Frühstück oder als Abendessen servieren kann. Eine schmackhafte Bereicherung sind gewürfelter Speck oder Gemüse (z. B. Zucchini, Mangold, Blattspinat), die man zu den Zwiebeln und Pilzen ins Öl gibt.

Entenspiegelei „over easy"
mit Trüffelpüree und Rahmspinat

400 g	Kartoffeln, geschält	
	Salz	
200 ml	Milch	
50 g	Butter	
	Pfeffer aus der Mühle	
	Muskat, frisch gerieben	
20 g	schwarzer Trüffel, in feine Scheiben gehobelt	
400 g	frischer Spinat	
1	Schalotte, fein gewürfelt	
2 EL	geschmacksneutrales Öl*	
75 g	Sahne oder Crème fraîche	
	Fleur de Sel*	
4	Enteneier	

Die Kartoffeln in Salzwasser gar kochen. Abgießen und zu Brei stampfen oder durch eine Kartoffelpresse drücken. Die Milch mit der Butter aufkochen, Kartoffeln hinzugeben. Mit Salz, Pfeffer und Muskat würzen. Zum Schluss den Trüffel einarbeiten.

Den Spinat von den Stielen befreien. Die Schalottenwürfel in 1 EL Öl anschwitzen, den Spinat dazugeben. Nun den Topf abdecken, damit der Spinat im eigenen Saft garen kann. Nur kurz garen, damit die Blätter noch Biss haben. Sahne oder Crème fraîche einrühren, mit Fleur de Sel und Muskat abschmecken.

Die Enteneier bei sehr geringer Hitze in einer beschichteten Pfanne in 1 EL Öl von beiden Seiten zu Spiegeleiern braten.

Das Trüffelpüree auf Tellern in Vorspeisenringe füllen und eine kleine Mulde in die Mitte drücken. Den Spinat hineingeben. Die Ringe abziehen. Obenauf jeweils 1 Spiegelei setzen. (Wer keinen Vorspeisenring hat, häufelt das Püree auf Teller und fährt fort wie beschrieben.)

TIPP „Over easy" bedeutet, dass man Spiegeleier von beiden Seiten brät. Werden sie nur von einer Seite gebraten, heißt es „sunny side up".

Enteneier Sie sind größer und mit ca. 70 g schwerer als Hühnereier. Zudem haben sie einen kräftigeren Geschmack. Da sie mit Salmonellen-Keimen behaftet sein können, weist der vorgeschriebene Aufdruck „Entenei. 10 Minuten kochen!" darauf hin, dass sie zur Sicherheit ganz durchgegart sein sollten – auch als Spiegelei. Aber dann sind sie ein Hingucker: Das Eiweiß färbt sich leicht bläulich und kontrastiert auffällig mit dem orangeroten Eigelb. Verwendbar sind sie übrigens auch auch zum Backen. Enteneier bestellt man entweder beim Eierhändler oder auf dem Wochenmarkt an Ständen, die frische Enten anbieten.

Blutorangen-Dickmilch-Shot
mit Zitronenmelisse

Die Dickmilch in einen Becher gießen und gut durchmixen. Blutorangensaft, Grenadine- und Ahornsirup zugeben und noch einmal mixen. In kleine Gläser füllen und mit Zitronenmelisse verzieren. Eiskalt servieren.

TIPP Als erfrischenden Drink im Sommer den Dickmilch-Shot in ein mit Eiswürfeln gefülltes Glas gießen.

400 ml	kalte Dickmilch
400 ml	Blutorangensaft, frisch gepresst
2 EL	Grenadinesirup (Fertigprodukt)
2 TL	Ahornsirup
	Zitronenmelisse zum Verzieren

Dickmilch – Einst feste Größe im Ernährungsplan vieler Haushalte, wurde sie seit den 1970er-Jahren vom Newcomer Joghurt verdrängt. Das Sauermilchprodukt lässt sich leicht selbst herstellen: 1 l H-Milch in einer Schüssel mit 2 EL Buttermilch mischen und bei Raumtemperatur einige Stunden stehen lassen.

Körner, Mehl & Getreide

Weichweizenrisotto
zu Maispoulardenbrust mit bengalischem Pfeffer

Für die Maispoulardenbrust

4	Brustfilets von der Maispoularde à ca. 160 g
	Salz
	bengalischer Pfeffer* (oder schwarzer) aus der Mühle
2 EL	Olivenöl
80 ml	dunkler Geflügelfond (aus dem Glas)
2 EL	Mole-Gewürzmischung* (siehe TIPP)

Für den Risotto

100 g	Weichweizen
je 1	Möhre, Zucchini und Zwiebel, fein gewürfelt
2 EL	Olivenöl
75 g	Sahne
1 EL	Tomatenmark
2 EL	gemischte frische Kräuter, fein gehackt (Rosmarin, Thymian, Zitronenthymian, Basilikum)
2 EL	Parmesan, gerieben
	Salz
	Pfeffer aus der Mühle

Für die Maispoulardenbrust die Brustfilets mit Salz und Pfeffer würzen. In heißem Olivenöl goldgelb anbraten und im vorgeheizten Ofen bei 140 °C ca. 15–20 Minuten fertig garen. Die Brust sollte innen nicht mehr rosa, aber noch saftig sein. Geflügelfond aufkochen, mit der Mole-Gewürzmischung abschmecken und, falls gewünscht, mit etwas Stärke binden.

Für den Risotto den Weichweizen nach Packungsanweisung gar kochen. Möhre und Zucchini blanchieren und mit den Zwiebelwürfeln in Olivenöl glasig anschwitzen. Den Weichweizen dazugeben und mit Sahne auffüllen. Das Tomatenmark unterheben. Die Kräuter dazugeben. Den Parmesan einrühren. Mit Salz und Pfeffer abschmecken.

Den Risotto mit der Maispoulardenbrust auf Tellern dekorativ anrichten.

TIPP Die Mole-Gewürzmischung wurde von Ingo Holland kreiert, dem Spezialisten für Kräuter und Gewürze. Erhältlich ist sie im gut sortierten Fachhandel und über Internetversender. Ersatzweise kann man auch ein kleines Stück dunkle Schokolade und 1 Prise Piment verwenden.

Weichweizensalat

60	g	Weichweizenkörner (Zartweizen)
		Salz
40	g	Pinienkerne
500	g	Salatblätter (gemischter „Baby-Leaf")
2		Möhren
1/2		reife Avocado
		Zitronensaft
2		Schalotten oder mittelgroße rote Zwiebeln, fein gewürfelt
50	g	Butter
2	EL	brauner Zucker
125	ml	Aceto Balsamico *
		Schnittlauch zum Bestreuen

Den Weizen nach Packungsanweisung in Salzwasser zubereiten oder einfach nur mit kochendem Wasser übergießen und quellen lassen.

Die Pinienkerne in einer Pfanne ohne Fett goldbraun rösten. Den Salat abspülen und trocken schleudern. Die Möhren schälen und würfeln. Die Avocado schälen, halbieren und den Kern entfernen. Das Fruchtfleisch in Stücke schneiden und mit etwas Zitronensaft beträufeln. Kurz marinieren.

Für die Sauce die Schalotten oder roten Zwiebeln in heißer Butter glasig dünsten. Den Zucker dazugeben und schmelzen lassen. Die Schalotten mit Aceto Balsamico ablöschen und einmal aufkochen lassen. Alle Zutaten für den Salat mit der Sauce mischen. Mit Schnittlauchröllchen bestreuen und servieren.

TIPP Bei „Baby-Leaf" handelt es sich um sogenannten Schnittsalat, also Sorten wie Eisblatt, Lollo rosso, Endivien oder Eichblattsalat.

Weichweizen – Er ist zwar die verbreitetste Weizenart, doch mit dem Begriff kann in der Küche kaum jemand etwas anfangen. Viel bekannter ist der italienische Hartweizen, aus dem Pasta gemacht wird. Die leicht süßlichen Weichweizenkörner enthalten reichlich B-Vitamine sowie Vitamin E und sind damit eine wertvolle Zutat für jedes schmackhafte Gericht.

Gerstengratin
mit Speck und Zwiebeln

50 g	Gerstenkörner (Reformhaus)
1 l	Fleischbrühe (optional)
250 g	Gerstenschrot (Reformhaus)
100 g	geräucherter Bauchspeck (Dörrfleisch), gewürfelt
1	mittelgroße Zwiebel, fein gewürfelt
	Salz
	Pfeffer aus der Mühle
1/4 TL	Selleriesaat (Gewürzladen)
150 g	Gemüse (Möhre, Lauch, Kohlrabi, Sellerie), fein gewürfelt
40 g	Kräuter, gehackt (glatte Petersilie, Basilikum)
	Olivenöl zum Einfetten
150 g	Käse (Gouda), gerieben

Die Gerstenkörner gut waschen und über Nacht einweichen. Am nächsten Tag 30 Minuten kochen und einige Stunden in dem Wasser quellen lassen.

Die Fleischbrühe (oder alternativ 1 l Wasser) zum Kochen bringen und den Gerstenschrot hineinstreuen. Aufkochen lassen und so lange rühren, bis ein fester Teig entstanden ist. Die Speckwürfel ausbraten. Die Zwiebelwürfel hinzufügen und anrösten. Nun die Gerstenkörner mit Speck und Zwiebel unter die Teigmasse mengen und mit den Gewürzen abschmecken.

Das Gemüse dünsten und mit den Gewürzen und Kräutern abschmecken. Die Hälfte des Teigs in eine gefettete Auflaufform geben und das Gemüse darauf verteilen. Mit dem restlichen Teig gleichmäßig bedecken. Zum Schluss mit dem Käse bestreuen und im vorgeheizten Ofen bei 150 °C 30 Minuten backen.

TIPP Wer möchte, kann dem Gratin mit Curry eine etwas andere Geschmacksnote verleihen. Wenn man die Gerste vor dem Einweichen anröstet, bekommt sie einen schönen nussigen Geschmack.

Gerste – Auf dem Feld ist das Getreide an den langen Grannen der Ähren sofort zu erkennen. Gerstenmehl enthält nur wenig Kleber, eignet sich also nicht gut zum Brotbacken. Im ganzen Korn ersetzt Gerste den halben Medizinschrank. Wenn die Körner geschliffen werden, entstehen Graupen, die neuen Lieblinge der gehobenen Küche.

Gersten-Gemüse-Risotto
mit gebratenem Bachforellenfilet

100 g	Gerstenkörner (siehe TIPP)
je 20 g	weiße Zwiebel, Stangensellerie, Möhre, Fenchel, fein gewürfelt bzw. geschnitten
5 EL	Olivenöl
3 cl	trockener Wermut (z. B. Noilly Prat)
1 l	Fisch- oder Gemüsefond
	Salz
	schwarzer Pfeffer aus der Mühle
4	Bachforellenfilets ohne Haut à ca. 120 g
60 g	Butter
30 g	Parmesan, gerieben
1–2 Stängel	glatte Petersilie, gehackte Blätter
4	kurze Holzspieße

Die abgetropften Gerstenkörner und das Gemüse in 3 EL Olivenöl farblos anschwitzen. Mit Noilly Prat ablöschen und mit etwas Fond bedecken. Salz und Pfeffer zugeben und einkochen. So oft Fond angießen, bis die Gerste gar, aber bissfest ist.

In der Zwischenzeit die Bachforellenfilets einzeln zu einer Rolle wickeln und mit einem Holzspieß fixieren. Von beiden Seiten in einer Pfanne in 2 EL Olivenöl anbraten. Etwas Fond zugeben und ca. 3 Minuten leicht ziehen lassen. Es darf nicht kochen!

Das Gersten-Gemüse-Risotto mit der Butter und dem Parmesan verfeinern. Auf Teller verteilen und den Fisch daraufsetzen. Mit der Petersilie bestreuen.

TIPP Die Gerste am besten über Nacht einweichen, mindestens jedoch 6 Stunden.

Cappuccino vom Grünkern

1		mittelgroße Zwiebel, fein gewürfelt
75	g	Knollensellerie, fein gewürfelt
1	EL	Butter
60	g	Grünkernmehl (Reformhaus)
1	l	Fleisch- oder Gemüsebrühe
		Salz
		Pfeffer aus der Mühle
		Muskat
200	g	Sahne
2	EL	Schnittlauch, in Röllchen geschnitten
100	ml	heiße Milch, aufgeschäumt

Zwiebel und Sellerie in Butter glasig anschwitzen. Grünkernmehl dazugeben und leicht mit anbräunen. In der Zwischenzeit die Brühe in einem separaten Topf erhitzen. Die Flüssigkeit heiß und unter stetigem Rühren über die Zwiebeln und das Grünkernmehl gießen. Aufkochen lassen. Wenn der Sellerie weich gekocht ist, mit einem Stabmixer kurz pürieren. Mit Salz, Pfeffer und Muskat abschmecken. Mit Sahne verfeinern und zum Schluss den Schnittlauch zufügen.

In Tassen füllen. Den Milchschaum zum Schluss auf die Suppe geben und als Cappuccino servieren.

Dazu passt als Beilage geröstetes Graubrot mit z. B. Hüttenkäse.

Grünkern – Man nehme unreife Dinkelkörner, trockne sie – und schon hat man Grünkern. Naturärzte verordnen ihn gern, weil er reichlich Eisen, Magnesium und Phosphor besitzt. Die gehobene Küche hat ihn wegen seines appetitlichen Geschmacks und seiner Kompatibilität mit vielen Gemüsesorten inzwischen ebenfalls entdeckt.

Hafer

Im Gegensatz zu den anderen heimischen Getreidesorten hat er keine Ähren, sondern luftige Rispen. Mit seinen inneren Werten läuft er den anderen Getreidesorten den Rang ab und macht jedem Apotheker Konkurrenz, vor allem weil er den Cholesterinspiegel senken kann. Aber abgesehen von ein paar Haferflocken, die in der Kinder- und Krankenernährung sowie als Müslizutat eine Rolle spielen, sieht man nicht viel von ihm. Nur manchmal bieten die Bäcker verschämt ein Haferbrot an. Da haben es die Briten besser: Ihre Haferkekse machen geradezu süchtig. Und das Nutzvieh kann sich richtig freuen, denn es bekommt regelmäßig Hafer in den Trog.

Hafermaultaschen
mit Pilz-Kerbel-Sauce

10 g	getrocknete Morcheln
120 g	Haferflocken
1	Ei
2	Eigelb
1 EL	Olivenöl
	Salz
	Muskat
1 EL	Schalotten, gewürfelt
50 g	Butter
200 g	Wirsing, in feine Streifen geschnitten
50 g	Mehl (Type 1050)
1	Eiweiß, leicht verquirlt
250 g	Sahne
1 EL	Kerbel, gehackt
200 g	Champignons, in Scheiben geschnitten
100 g	Lauch, in Streifen geschnitten
	Kerbel zum Verzieren

Die Morcheln waschen und in 250 ml lauwarmem Wasser ca. 10 Minuten einweichen. Abgießen, das Einweichwasser aufheben. Die Morcheln hacken.

Die Haferflocken ohne Fett in einer Pfanne hellgelb rösten und dann in der Küchenmaschine fein mahlen. Haferflocken mit Ei, Eigelb, Olivenöl, 4 EL Wasser, Salz und Muskat verkneten. Den Teig 30 Minuten ruhen lassen.

Die Schalottenwürfel in 1 EL Butter anschwitzen. Die Wirsingstreifen und Morcheln dazugeben und alles zugedeckt 10 Minuten dünsten. Salzen und abkühlen lassen.

Den Haferteig mit 3 EL Mehl verkneten und auf einer bemehlten Fläche dünn ausrollen. Kreise von 10 cm Durchmesser ausstechen. Ränder mit Eiweiß bepinseln und die Wirsingfüllung in kleinen Häufchen in die Mitte geben. Zusammenklappen und die Ränder mit einer Gabel fest andrücken. Die Maultaschen in fast siedendem Salzwasser 10 Minuten ziehen lassen, bis sie aufsteigen. Herausnehmen und abtropfen lassen.

Das Morchelwasser durch ein feines Tuch gießen, um evtl. Sandkörner abzusieben. Das Wasser mit Sahne einkochen und mit dem Kerbel verfeinern. Die Champignons in der restlichen Butter anbraten und salzen. Den Lauch dazugeben. Mit der Sahnesauce auffüllen.

Die Maultaschen mit der Morchel-Gemüse-Sauce auf Teller verteilen und mit Kerbel verzieren.

Passionsfrucht-Bramata

Die Sahne mit dem Passionsfruchtmark und dem Fond aufkochen lassen. Mit Salz und Pfeffer würzen. Den Maisgrieß nach und nach hineinrühren. Bei geringer Hitze aufkochen lassen. Von der Herdplatte nehmen, die Eigelbe und den Manchego einrühren. Nochmals mit Salz und Pfeffer abschmecken. Dann auf ein Blech gießen und erstarren lassen.

Wenn die Masse kalt ist, stürzen und in Stücke schneiden. In Butter oder Olivenöl goldgelb anbraten.

Zu Lammgerichten oder Geflügel servieren.

450 g	Sahne
250 ml	Passionsfruchtmark (Reformhaus)
650 ml	Kalbs- oder Geflügelfond
	Salz
	Pfeffer aus der Mühle
250 g	grober Maisgrieß (Bramata)
10	Eigelb
2–4 EL	Manchego*, gerieben (spanischer Hartkäse)
	Butter oder Olivenöl zum Braten

Bramata – Der grobkörnige Maisgrieß aus dem gelben, stärkehaltigen Körnermais wird kaum noch beachtet, seitdem in den Feinschmeckerküchen Polenta nur noch aus feinem Grieß angerührt wird. In Norditalien und der Schweiz hat Bramata nach wie vor eine starke Anhängerschaft. Siehe auch im Glossar unter „Polentamehl".

Fisch

Carpaccio von Roter und Gelber Bete
mit gehobeltem Bottarga

1		frische Rote Bete
1	EL	Essig
3	EL	Zucker
1		frische Gelbe Bete
1		unbehandelte Zitrone (die abgeriebene Schale und 1 EL Saft)
		Salz
6	EL	Olivenöl
4	EL	feine Schnittlauchröllchen
30	g	Bottarga* (getrockneter Fischrogen, meist vom Thunfisch; Feinkostgeschäft)

Die Rote Bete in reichlich Wasser mit Essig und 1 EL Zucker weich kochen. Schälen und in sehr feine Streifen hobeln.

Die Gelbe Bete waschen, schälen und roh ebenfalls in feine Streifen hobeln. Die abgeriebene Zitronenschale in 2 EL Wasser aufkochen und abkühlen lassen. Durch ein feines Sieb geben und mit dem Zitronensaft, Salz, Zucker, Olivenöl und Schnittlauch zu einer Vinaigrette vermischen.

Die Beten auf Tellern anrichten und die Vinaigrette darübergießen. Mit fein gehobeltem Bottarga krönen.

Als Amuse Bouche oder Vorspeise servieren.

Gelbe und Rote Bete – Als traditionelle Sauerkonserve führt die Rote Bete ein bedauerliches Schattendasein, doch die kulinarische Bandbreite ihres erdigen Aromas ist damit keineswegs ausgereizt. Zusammen mit der langsam wiederentdeckten Gelben Bete könnte sie mehr Beachtung erhalten, weil sich das Duo für reizvolle Farbspiele auf dem Teller anbietet. Die ganzjährigen Beten sind reich an Aminosäuren, Vitaminen, Mineralien und Spurenelementen.

Gebratene Dorade
mit Stockfisch-Oregano-Püree

Für die Dorade

4 Doradenfilets à 150 g
1 Limette (der Saft)
Fleur de Sel*
50 ml Olivenöl

Für das Stockfischpüree

Am Vortag zubereiten:
500 g Stockfisch
500 ml Milch
2 Knoblauchzehen, geschält
1 Limette (der Saft und abgeriebene Schale)
150 ml Olivenöl
1/2 Bund Oregano, die Blätter abgezupft
schwarzer Pfeffer aus der Mühle

Die Doradenfilets abwaschen und trocken tupfen. Mit Limettensaft beträufeln und Fleur de Sel aufstreuen. Nur auf der Hautseite in heißem Olivenöl kross anbraten. Aus der Pfanne nehmen und auf einem Backblech im vorgeheizten Ofen bei 120 °C ca. 7 Minuten garen.

Den Stockfisch 12–16 Stunden in kaltem Wasser quellen lassen. Ab und zu das Wasser wechseln. Aus dem Wasser nehmen und abtropfen lassen. In einen Topf legen, mit der Milch auffüllen und ca. 10–15 Minuten kochen lassen. Wenn der Fisch weich ist, herausnehmen und die Milch beiseitestellen. Das Fischfleisch von der Haut und den Gräten befreien. Mit dem Kochlöffel oder einer Fleischgabel zerzupfen.

Den Stockfisch mit Knoblauch, Limettenschale, 250 ml der Milch vom Abkochen und etwas Olivenöl fein pürieren. Immer wieder Olivenöl und Milch zugeben. Zwischendurch den Oregano untermixen. Das Püree soll die Konsistenz von Kartoffelpüree oder cremiger Polenta erhalten. Mit Limettensaft und Pfeffer abschmecken. Im Wasserbad oder unter stetigem Rühren in einem Topf erwärmen.

Die Doradenfilets mit dem Stockfisch-Oregano-Püree auf Tellern anrichten und servieren.

TIPP Man kann einen Teil des Stockfischs durch Kartoffeln ersetzen oder auch klein geschnittene getrocknete Tomaten (in Öl eingelegt) dazugeben.

Steinbuttfilet und Bottarga
unter Pumpernickelkruste mit Kohlrabi-Kartoffel-Gratin

Für den Fisch die Steinbuttfilets mit Zitronensaft beträufeln und salzen. Die kalte Butter in Flöckchen auf den Filets verteilen. Auf ein Backblech legen und mit hitzebeständiger Klarsichtfolie abdecken. Im Backofen 2 Minuten dämpfen (siehe TIPP). Die Filets herausnehmen und den Bottarga darüberhobeln.

Den Pumpernickel mit der weichen Butter verkneten und zu einer Rolle formen. Kühl stellen, bis die Rolle fest ist. In feine Scheiben schneiden, die Scheiben gleichmäßig auf die fast gegarten Fischfilets legen und unter dem Grill kurz überbacken, bis sie gar sind. Mit Fleur de Sel würzen.

Für das Gratin den Kohlrabi fein hobeln und in kochendem Wasser kurz kochen. Abgießen und mit kaltem Wasser abschrecken. Die Kartoffeln ebenfalls in feine Scheiben hobeln. Ein etwas tieferes Backblech mit Butter ausstreichen und darin Kartoffeln und Kohlrabi abwechselnd einschichten. Die Sahne mit Salz, Pfeffer und Muskat kräftig würzen und über die Kartoffel-Kohlrabi-Schichtung gießen. Den geriebenen Gruyère darüberstreuen. Im auf 150 °C vorgeheizten Ofen ca. 20 Minuten backen, bis das Gratin goldgelb ist.

Die Fischfilets mit dem Gratin auf Tellern anrichten.

TIPP Dampf erzeugt man, indem man den Backofen auf 150 °C vorheizt und dann eine Metallschüssel mit kaltem Wasser hineinstellt. Alternativ: den Ofen vorheizen und eine Tasse heißes Wasser auf ein heißes Blech gießen. Optimal ist ein Dampfgarer.

Für den Fisch

4	Steinbuttfilets à 150 g
1	Zitrone (der Saft)
	Salz
50 g	kalte Butter
100 g	Bottarga *
100 g	Pumpernickel, fein gerieben
50 g	weiche Butter
	Fleur de Sel *

Für das Gratin

3	kleine Kohlrabi
4	mittelgroße Kartoffeln, geschält
40 g	Butter
150 g	Sahne
	Salz
	Pfeffer aus der Mühle
	Muskatnuss, gerieben
60 g	Gruyère, gerieben

Sardinen und Schweineohr
mit Rohkostsalat

- 4 frische Sardinen
- 60 g gekochtes Schweineohr (siehe Rezept Seite 152 oder beim Metzger bestellen)
- 1 reife Tomate
- 4 kleine Frühlingszwiebeln
- 1 sehr kleine Artischocke
- 4 kleine Fenchelknollen
- 4 kleine Stangen Sellerie
- 4 kleine Möhren
- 4 Radieschen
- 1 EL Schnittlauchröllchen
- 6 EL Olivenöl
- 3 EL Aceto Balsamico*
- Salz
- Pfeffer aus der Mühle
- Honig (nach Geschmack)

Die Sardinen entgräten und in Filets zerteilen. Das Schweineohr in unregelmäßige Stifte schneiden. Die Tomate mit heißem Wasser übergießen, häuten, vierteln, entkernen und in Streifen schneiden. Die Frühlingszwiebeln in feine Ringe schneiden. Die Artischocke putzen und achteln. Die Fenchelknollen in kleine Streifen schneiden. Den Sellerie klein schneiden, die Möhren in feine Stifte schneiden. Die Radieschen schälen und in feine Streifen schneiden. Das Gemüse mit dem Schweineohr und dem gehackten Schnittlauch vermischen.

Das Olivenöl mit dem Essig verrühren und mit Salz, Pfeffer und evtl. Honig abschmecken. Die Vinaigrette mit dem Gemüse und Schweineohr vermischen und ca. 30 Minuten ziehen lassen.

Die Sardinenfilets mit dem Salat auf Tellern anrichten.

Schweineohr – Wer Knorpel mag, kann sich von Schweineohren auf rustikale Weise verwöhnen lassen. Vor der eigentlichen Zubereitung müssen sie eine ganze Weile vorgekocht werden. Sie enthalten gelierende Substanzen, die beim Garen ins Kochwasser übergehen. Deshalb eignen sie sich auch bestens für die Zubereitung von Sülzen.

Stockfisch-Tapenade
mit Olivenöl und Limettensaft

150	g	Stockfisch
20	g	frische Basilikumblätter
1	TL	Fenchelsaat
1		Knoblauchzehe, geschält
100	ml	Olivenöl
2		Limetten (der Saft)
		schwarzer Pfeffer aus der Mühle

Den Stockfisch für 12–16 Stunden in kaltes Wasser legen, um das Salz herauszulösen. Dabei immer wieder das Wasser wechseln.

Den Stockfisch von allen Gräten und der Haut befreien, in einen Topf geben und mit etwas Wasser bedecken. Ca. 10 Minuten aufkochen lassen und vom Herd nehmen.

In einem Mixer oder in der Küchenmaschine das Fischfleisch mit Basilikum, Fenchelsaat und Knoblauch ganz fein mixen. Dabei nach und nach das Olivenöl und den Limettensaft hinzugeben. Mit Pfeffer abschmecken.

Gebackene Stockfischpralinen

Den Stockfisch 24 Stunden in kaltem Wasser einweichen, währenddessen 4-mal das Wasser wechseln. Anschließend in kochendem Wasser 10 Minuten garen. In noch warmem Zustand Haut und Gräten entfernen und das Fischfleisch in kleine Stücke schneiden. Den Fischsud beiseitestellen.

Die Kartoffeln in dem Fischsud gar kochen und pürieren. Mit den Fischstücken, Zwiebelwürfeln, Pinienkernen und Petersilie in einer Schüssel gut vermengen. Nach und nach die Eier und Eigelbe untermischen und mit Salz und Pfeffer würzen. Aus der Masse kleine Bällchen formen, diese in Semmelbröseln wenden und in heißem Öl goldgelb ausbacken.

Auf einem Tomatensalat anrichten. Dazu eine Knoblauchcreme aus würzig abgeschmeckter Mayonnaise mit durchgepresstem oder fein gehacktem frischem Knoblauch servieren.

250 g	Stockfisch (gesalzen)
200 g	Kartoffeln, geschält und gewürfelt
1	große Zwiebel, gewürfelt
2 EL	Pinienkerne, geröstet
1 EL	glatte Petersilie, gehackt
2	Eier
2	Eigelb
	Salz
	Pfeffer aus der Mühle
150–200 g	Semmelbrösel
300 ml	Olivenöl zum Ausbacken

Stockfisch

Stockfisch bzw. Klippfisch ist durch Trocknung haltbar gemachter Fisch. Dazu zählen insbesondere Kabeljau (Dorsch), Seelachs, Schellfisch und Leng. Klippfisch ist gesalzen, der härtere Stockfisch dagegen nicht. Dennoch müssen beide ausgiebig gewässert werden, bis sie weich bzw. salzarm sind und weiterverwendet werden können. Das Fischfleisch lässt sich zu Leckerbissen mit ausgeprägt mediterranem Flair verarbeiten, verströmt jedoch bei der Zubereitung zunächst einen recht derben maritimen Geruch. Manch feine Nase lässt sich dadurch abschrecken – und verpasst einen Hochgenuss, der nach Sonne und Meer schmeckt.

Terrine vom Heringsfilet

- 500 ml Tomatenconsommé (siehe Rezept rechts)
- 1 Zweig Rosmarin
- 1 Zweig Thymian
- 5 Champignons, in Scheiben geschnitten
- 10 weiße Pfefferkörner
- Salz
- 4 Blatt weiße Gelatine
- Pfeffer aus der Mühle
- 100 g Sahne, geschlagen
- 10 Scheiben Rote Bete, gekocht und in Scheiben geschnitten
- 6 Heringsfilets, küchenfertig

Die Tomatenconsommé aufkochen. Rosmarin, Thymian, Champignons, Pfefferkörner und Salz hinzugeben und ca. 20 Minuten leicht köcheln lassen. Kräuterzweige entfernen und die Consommé durch ein Sieb passieren. Die Gelatine in kaltem Wasser einweichen, ausdrücken und in der noch warmen Masse auflösen. Mit Salz und Pfeffer aus der Mühle abschmecken und die Masse kalt stellen. Wenn sie leicht gestockt ist, die Sahne unterheben und erneut kalt stellen.

In der Zwischenzeit eine Terrinenform mit den Rote-Bete-Scheiben auslegen. Sobald die Masse fest zu werden beginnt, abwechselnd mit den Heringsfilets in die Form einschichten. Abdecken und im Kühlschrank fest werden lassen.

Die Terrine in Scheiben schneiden und mit einem bunten Salat, zu Rote-Bete-Salat oder Roggenbrot servieren.

Tomatenconsommé

Das gesamte Gemüse klein schneiden. In Butter anschwitzen und mit dem Fond auffüllen. Bei mittlerer Hitze 15–20 Minuten köcheln lassen. Anschließend mindestens 3 Stunden gut kühlen.

Das Eiweiß mit dem Tomatenmark, der Petersilie und den Eiswürfeln gut vermischen und unter die kalte Suppe rühren. Bei mittlerer Hitze unter ständigem Rühren zum Sieden bringen. Die Suppe vorsichtig durch ein Tuch passieren. Mit Salz, Pfeffer, Zucker und Gin abschmecken.

TIPP Die Mühe der Zubereitung lohnt sich eigentlich nur bei einer größeren Menge. Die Tomatenconsommé kann man sehr gut einfrieren und als Suppengrundlage (z. B. mit Kräuterklößchen oder im Sommer als Kaltschale mit Tomatenwürfeln und Basilikum) oder als Fond verwenden.

Ergibt 2 l

1	kg	reife Tomaten (oder aus der Dose)
2		Schalotten
1/2		Knoblauchzehe, geschält
1/4		Selleriestange
40	g	Butter
800	ml	Geflügel- oder Gemüsefond
2		Eiweiß
3	EL	Tomatenmark
3	Stängel	glatte Petersilie
10		Eiswürfel
		Salz
		Pfeffer aus der Mühle
1	Prise	Zucker
2	cl	Gin

Würzheringe
mit Panch Phoron

800	ml	Weißweinessig (5 %)
8		frische („grüne") Heringsdoppelfilets (Fischgeschäft)
1	TL	Salz
250	g	Zucker
8		Pimentkörner
1	TL	schwarze Pfefferkörner
1	EL	Panch Phoron * (Gewürzmischung; Asialaden)
4		mittelgroße weiße Zwiebeln, in feine Ringe geschnitten
4		mittelgroße rote Zwiebeln, in feine Ringe geschnitten
2		Knoblauchzehen, in Scheiben geschnitten

Den Weißweinessig mit 800 ml Wasser vermischen und die Heringsfilets über Nacht darin einlegen.
In einer Schüssel Salz, Zucker, Piment- und Pfefferkörner vermischen. Das Panch Phoron in einer Pfanne ohne Fett anrösten und zu der Salz-Zucker-Mischung geben.
Die Heringe aus dem Essigwasser nehmen, kurz unter kaltem Wasser abspülen und trocken tupfen. In einem säurefesten Gefäß 4 Heringfilets aufeinanderschichten und dabei zwischen den Heringen und auf dem obersten Fisch die Hälfte der Salz-Zucker-Mischung verteilen.
Die übrigen Heringfilets mit der restlichen Salz-Zucker-Mischung auf dieselbe Weise dicht danebenschichten.
Mit den Zwiebeln und dem Knoblauch bedecken und alles leicht andrücken. 1 Tag ziehen lassen.
Mit einer Apfel-Schmand-Sauce zu Pell- oder Bratkartoffeln servieren oder pur mit kräftigem Bauernbrot genießen.

Hering – In der Volksernährung spielt er schon seit Jahrhunderten eine wichtige Rolle und ist auch weiterhin ein bedeutender Wirtschaftsfaktor. Der Hering gehört zu den beliebtesten Fischen in Deutschland, kommt aber immer seltener frisch oder als Salzhering auf den Tisch. Weit verbreitet in Konserven (mit Tomatensauce) und Essigmarinaden (Bismarckhering, Rollmops), ist er pur beinahe Legende. Dank des hohen Gehalts an Omega-3-Fettsäuren ist er gesund. Vielleicht wird er zu wenig als ein Fisch mit vielen Möglichkeiten wahrgenommen, weil er immer noch vergleichsweise preiswert zu haben ist. Den gereiften Hering nennt man Matjes, er genießt im Rheinland und im Norden Popularität.

Eingelegte Heringe
in Ingwermarinade

Am Vortag zubereiten:

500	g	Heringe, küchenfertig
		Salz
		Pfeffer aus der Mühle
		Mehl zum Wenden
2	EL	Öl
40	g	frische Ingwerwurzel, geschält
1		rote Chilischote
3	EL	milder Weißweinessig
4		Wacholderbeeren
1	TL	Korianderkörner
1	TL	brauner Zucker
2		mittelgroße rote Zwiebeln, in feine Ringe geschnitten
125	ml	Apfelwein (Cidre)

Die Heringe salzen, pfeffern und in Mehl wenden. In heißem Öl durchbraten und in eine gerade passende Auflaufform bzw. ein Steingutgefäß oder eine Glasschale legen.

Den Ingwer in feine Würfel schneiden oder fein hobeln. Die Chilischote entkernen und in feine Streifen schneiden. Den Weißweinessig mit 150 ml Wasser, Wacholderbeeren, Korianderkörnern, Salz, Zucker, Ingwer, Zwiebelringen und Chilischotenstreifen etwa 3 Minuten kochen. Kurz abkühlen lassen, den Apfelwein dazugeben und die Marinade über die Fische gießen. 1–2 Tage kühl gestellt ziehen lassen.

Dazu passt eine leichte Koriandercreme aus würzig abgeschmeckter Mayonnaise mit frischem gehacktem Koriander.

Sardinen mediterran gebraten

Die Sardinen waschen, trocken tupfen und innen und außen mit Fleur de Sel und Pfeffer einreiben. Die Sardinen in Mehl wenden, überschüssiges Mehl abklopfen. In einer Pfanne 6 EL Olivenöl erhitzen, die Sardinen kurz von beiden Seiten anbraten und aus der Pfanne nehmen. In eine weite Porzellanschale oder auf eine Platte legen.

Die Chilistreifen mit Zwiebelwürfeln, Oliven und Tomaten in einer Pfanne in 2 EL Olivenöl leicht andünsten. Mit den beiden Essigen und Weißwein ablöschen. Kurz aufkochen und einige Minuten ziehen lassen. Den Thymian zugeben und den Sud über die Sardinen gießen. Mit Klarsichtfolie abdecken und über Nacht im Kühlschrank ziehen lassen.

Am nächsten Tag die Sardinen mit Ducca und Limettensaft abschmecken und ganz leicht erwärmen.

Zu knusprigem Knoblauchbrot servieren.

Sardinen – In portugiesischen Restaurants sind sie ein Muss und eingedost in Öl ein Klassiker. Mit anderen Worten: unter Wert verkauft, weil kaum noch jemand die Fischchen frisch verarbeiten will. Am Mittelmeer, in der Bretagne und in der gehobenen Küche weiß man ihr kulinarisches Vermögen mehr zu schätzen. Sardinen sind übrigens reich an den wertvollen Omega-3-Fettsäuren!

Am Vortag zubereiten:

- 8 Sardinen, küchenfertig
- Fleur de Sel *
- Pfeffer aus der Mühle
- 3 EL Mehl
- 8 EL Olivenöl
- 1 kleine Chilischote, ausgeschabt und in Streifen geschnitten
- 1 mittelgroße rote Zwiebel, fein gewürfelt
- 12 grüne Oliven, entsteint
- 50 g getrocknete Tomaten, in feine Streifen geschnitten
- 3 EL Aceto Balsamico *
- 2 EL Sherryessig
- 1/8 l trockener Weißwein
- 1/2 TL frische Thymianblätter
- 1/2 TL Ducca * (äthiopische Gewürzmischung; Gewürzladen)
- 1 Limette (der Saft)

Fleisch, Innereien & Geflügel

Salat von Lammhirn
mit grünen Mandeln

- 2 Bund Frühlingslauch
- Salz
- 2 Lammhirne, gekocht (Zubereitung siehe Seite 152 oder vorgegartes Hirn beim Metzger bestellen)
- 6 EL Olivenöl
- Fleur de Sel *
- bengalischer Pfeffer * aus der Mühle (Gewürzgeschäft; alternativ: schwarzer Pfeffer)
- 40 g weiße Mandeln, gehobelt
- 1 EL Kerbelblätter, gehackt
- 2 EL Zitronensaft oder Limonenessig
- 2 EL Rohrzucker
- 80 g grüne Mandeln *, längs gestiftet (Feinkostgeschäft)
- 2 Kästchen Brunnenkresse
- 60 g luftgetrockneter Schinken, in feine Streifen geschnitten

Vom Frühlingslauch den dunkelgrünen Teil abschneiden. Das Weiße in 2–3 cm lange Stücke teilen. In Salzwasser kurz abkochen und sofort in kaltem Wasser abschrecken.

Das Lammhirn halbieren und in feine Scheiben schneiden. Hirn in 2 EL Olivenöl leicht andünsten.

Die Lauchstreifen in einer Pfanne goldgelb braten. Mit Fleur de Sel und Pfeffer würzen.

Die weißen Mandeln mit Kerbel, 4 EL Olivenöl, Zitronensaft oder Limonenessig und Rohrzucker (nach Geschmack) mischen. Die grünen Mandeln mit Brunnenkresse und den Schinkenstreifen vermischen.

Das Lammhirn mit dem gebratenen Lauch auf Tellern verteilen. Den Kressesalat und die weißen Mandeln dekorativ auf dem Lamm anrichten.

Lammhirn – Während das Hirn von Rindern und Schweinen meist zu Wurst (Hirnwurst, Bregenwurst) verarbeitet wird, kommt das Lammhirn (wie auch das Hirn vom Hammel und Kalb) wegen seines überaus delikaten Geschmacks und der hohen Bekömmlichkeit im Ganzen auf den Tisch. Am besten eignet es sich für kleine Gerichte, etwa Vorspeisen, Salate und Pasteten. Die Zeit für vorbereitende Arbeiten – das Abkochen bzw. Wässern und vor allem das sorgfältige Putzen – sollte man sich nehmen, denn dann wird man mit einem Hochgenuss belohnt.

Gebratenes Kalbsbries
zu Endiviensalat mit Zitronenverbenen-Dressing

Für das Kalbsbries

- 100 ml Weißwein
- 1 TL Salz
- je 1 Lorbeerblatt, Gewürznelke und Wacholderbeere
- 200 g frisches Kalbsbries
- 1 Ei, geschlagen
- 80 g Toastbrot, entrindet, fein gerieben
- 80 g Butter
- Fleur de Sel *

Für den Salat

- 150 g Joghurt
- 2 EL Weißweinessig
- 50 ml geschmacksneutrales Öl *
- 2 EL Ahornsirup
- 1 EL Senf
- Salz
- Pfeffer aus der Mühle
- 1 Zweig Zitronenverbene, klein geschnitten
- 1 Kopf Endiviensalat, geschnitten

Für das Kalbsbries den Weißwein mit 500 ml Wasser, Salz und den Gewürzen aufkochen lassen. Das Bries hineinlegen und die Hitze sofort herunterschalten. Bei geringer Hitze 20 Minuten ziehen lassen. Aus dem Fond herausnehmen und abschrecken. Das nur noch leicht warme Bries von Knorpeln und Haut befreien. In kleine Stücke teilen und in Ei und Toastbröseln wenden. In der Butter goldbraun backen. Mit etwas Fleur de Sel würzen.

Für den Salat aus Joghurt, Essig, Öl, Ahornsirup, Senf, Salz und Pfeffer ein Dressing mixen. Die Zitronenverbene hinzugeben. Den Endiviensalat mit dem Dressing vermischen und zu dem Kalbsbries servieren.

Kalbsbries – Eine teure und überaus geschätzte Delikatesse mit vielen guten Eigenschaften: Es ist zart, leicht verdaulich und hat einen sehr feinen Geschmack. Zudem enthält es wertvolle Nährstoffe. Bei der Innerei handelt es sich um die bei jungen Tieren stark ausgebildete Thymusdrüse. Das Bries sollte ganz frisch sein. Es bietet sich praktisch für jede Zubereitungsart an – Kochen, Dünsten, Braten und schmeckt in Suppen, Klößen und Ragouts. In den Küchen der Haushalte spielt das Bries kaum eine Rolle, weil die meisten Exemplare in die gehobene Gastronomie gehen.

Endivie

Von den einen geschätzt, von den anderen verschmäht: Die bittere Note der Endivie ist nicht jedermanns Sache. Dabei ist gerade der enthaltene Bitterstoff Inulin neben dem hohen Gehalt an den Mineralstoffen Kalium, Phosphor, Kalzium, Natrium und Eisen sowie an diversen Vitaminen das Plus dieses Blattsalats: Ihm wird eine galle- und harntreibende sowie appetitanregende Wirkung zugeschrieben. Die krause Endivie, auch Frisée genannt, und ihr etwas derberer Bruder Escariol, die glatte Endivie, gelten zwar als Wintersalat, werden aber ganzjährig angeboten.

Carpaccio von der Kalbszunge
mit Tomatensalsa und Auberginenkaviar

1		Kalbszunge, abgekocht und abgezogen (siehe Grundrezept auf Seite 152)

Für die Tomatensalsa

1	EL	Aprikosenkernöl
4		reife Tomaten, fein gewürfelt
1		mittelgroße rote Zwiebel, fein gewürfelt
1	EL	Kräuter, gehackt (glatte Petersilie, Basilikum)
1	EL	alter Aceto Balsamico *
1	EL	Olivenöl
		Fleur de Sel *
		Pfeffer aus der Mühle
		brauner Zucker

Für den Auberginenkaviar

4		Auberginen
1		Knoblauchzehe
1		Limette (der Saft)
		Salz
		Pfeffer aus der Mühle
1	EL	glatte Petersilie, die Blätter

Für die Tomatensalsa Aprikosenkernöl, Tomaten, Zwiebel und Kräuter mit Essig und Olivenöl vermischen. Mit Fleur de Sel, Pfeffer und braunem Zucker abschmecken. Mindestens 1 Stunde ziehen lassen.

Für den Auberginenkaviar die Auberginen in den auf 180 °C vorgeheizten Backofen legen und ca. 15–20 Minuten garen, bis die Schale aufplatzt. Aus dem Ofen nehmen, Schale abziehen und die Auberginen mit der geschälten Knoblauchzehe und dem Limettensaft in der Küchenmaschine zu einem Mus verarbeiten. Mit Salz und Pfeffer abschmecken.

Die Kalbszunge in sehr dünne Scheiben schneiden und blütenartig auf Tellern anordnen. Die Tomatensalsa darauf verteilen und einen Moment ruhen lassen. Auberginenkaviar in der Mitte anhäufeln. Mit der Petersilie garnieren.

Carpaccio von der Lammzunge
mit Salsa von Aprikosen und Pfifferlingen

1	Lammzunge, gekocht (siehe Grundrezept Seite 152)

Für die Salsa

1	Schalotte, fein gewürfelt
75 ml	Olivenöl
150 g	kleine frische Pfifferlinge, geputzt
35 ml	weißer Aceto Balsamico*
100 g	frische Aprikosen, in feine Streifen geschnitten
	Salz
	Pfeffer aus der Mühle
	Zucker
1 EL	glatte Petersilie, gehackt

Für die Salsa Schalottenwürfel in 1 EL Olivenöl anschwitzen. Die Pfifferlinge dazugeben und leicht anbraten. Mit Essig und dem übrigen Olivenöl auffüllen. Die Aprikosen dazugeben und kurz darauf vom Herd nehmen. Mit Salz, Pfeffer und Zucker abschmecken. Leicht abkühlen lassen. Die Petersilie zufügen.

Die Lammzunge in hauchdünne Scheiben schneiden und in einer Reihe oder einem Kreis auf Tellern anrichten. Die Salsa lauwarm auf das Carpaccio geben und servieren.

Lammzunge – Für sie gelten dieselben küchentechnischen Regeln wie für die Kalbszunge (siehe Seite 152). Man sollte alles vermeiden, was den zarten Eigengeschmack überdeckt. Ihre fast schmelzende Konsistenz verspricht einen Leckerbissen, der auf vielfältige Weise variiert werden kann. Auf jeden Fall beim Metzger oder beim türkischen Schlachter vorbestellen.

Ochsenzungensalat

1		frische große Ochsenzunge (Metzger)
50	ml	Weißwein
50	g	Pökelsalz* (Metzger)
1		Lorbeerblatt
1		mittelgroße rote Zwiebel, fein gewürfelt
1	Stange	Frühlingslauch, in feine Ringe geschnitten
50	g	Pfifferlinge
2	EL	Butter
50	ml	Weißweinessig
100	ml	Traubenkernöl
		Salz
		Pfeffer aus der Mühle
		Zucker
1		Tomate, fein gewürfelt

Die Ochsenzunge unter fließend kaltem Wasser so lange wässern, bis sie nicht mehr schleimig und blutig ist. Knorpelteile wegschneiden. 3 l Wasser mit Weißwein, Pökelsalz und Lorbeer aufkochen lassen und die Zunge hineingeben. Bei mittlerer Hitze 1–1 1/2 Stunden garen. Den Topf vom Herd nehmen und alles erkalten lassen. Zunge aus dem Fond nehmen und mit einem scharfen Messer die Oberseite der Länge nach leicht einschneiden. Die weiße dicke Hautschicht mit einem Ruck abziehen. Zunge in feine Scheiben schneiden.

Die Zwiebelwürfel mit dem Frühlingslauch und den Pfifferlingen in der Butter leicht glasig anschwitzen. Den Weißweinessig mit dem Traubenkernöl im Mixer gut durchmischen. Mit Salz, Pfeffer und Zucker abschmecken und über die angeschwitzten Gemüse geben. Die Tomatenwürfel und die in Streifen geschnittene Ochsenzunge dazugeben. Darin abkühlen und mindestens 2 Stunden gut durchziehen lassen.

Diesen Salat mit Schwarzbrot servieren.

TIPP Wenn man während des Kochens mit einer Messerspitze in die Spitze der Zunge sticht und sich das Messer leicht herausziehen lässt, ist die Zunge gar. Die Spitze ist der härteste Teil der Zunge.

Ochsenzunge – Sie wird zwar als Innerei bezeichnet, besteht aber aus schierem Muskelfleisch, wenn sie nach dem Kochen abgezogen und geputzt wird. Auch ihre inneren Werte gleichen mehr denen von Fleisch, und sie enthält eine maßvolle Portion Cholesterin. Man bekommt Ochsenzunge, auch Rinderzunge genannt, frisch und gepökelt.

Sandwich aus Lammniere
und gebackener Polenta

Das Fett von den Lammnieren entfernen. Nieren in Scheiben schneiden. Das Olivenöl in einer Pfanne erhitzen, Rosmarin und Knoblauch zugeben und die Nieren hineinlegen. Von beiden Seiten ca. 3–4 Minuten braten, mit Aceto Balsamico ablöschen und sofort aus der Pfanne nehmen. Erst nach dem Braten salzen und pfeffern.

Für die Polenta die Milch mit 1,5 l Wasser zum Kochen bringen und mit Salz abwürzen. Die Flüssigkeit sollte leicht versalzen schmecken. Das Polentamehl einrühren und bei geringer Hitze unter stetigem Rühren mit dem Schneebesen stocken lassen. Wenn die Masse eine püreeartige Konsistenz angenommen hat, vom Herd nehmen. Butter, Parmesan und Knoblauch einrühren. Zum Schluss die Limettenschale zufügen. Mit Pfeffer und Muskat abschmecken. Die Eier in die lauwarm abgekühlte Masse einrühren. Auf ein mit Backpapier ausgelegtes Blech geben und ca. 1 1/2–2 cm hoch ausstreichen. Kalt werden lassen. Nun in Dreiecke oder Vierecke schneiden und stückweise in Olivenöl in einer beschichteten Pfanne ausbacken.
Die Polenta abwechselnd mit den Lammnieren schichten und mit Rosmarin dekorieren.

Lammnieren – Die Bezeichnung Lamm meint Tiere, die nicht älter als 1 Jahr geworden sind. Meist aber werden sie schon früher geschlachtet, um den zarten Wohlgeschmack zu erhalten, was insbesondere den Innereien zugutekommt. Am besten befragt man seinen Metzger, denn je nach Alter und Aufzucht des Tieres müssen die Nieren nicht gewässert werden.

Für die Lammniere

2 Lammnieren
2 EL Olivenöl
1 Zweig Rosmarin
1 Knoblauchzehe, geschält
1 EL alter Aceto Balsamico*
Salz
Pfeffer aus der Mühle

Für die Polenta

750 ml Milch
Salz
250 g feines Polentamehl*
100 g Butter
100 g Parmesan, gerieben
3 Knoblauchzehen, fein gehackt
1 Limette (die abgeriebene Schale)
schwarzer Pfeffer aus der Mühle
Muskat
3 Eier
4 EL Olivenöl

Rosmarinzweige zum Dekorieren

Erbsenmacchiato
mit gebratenem Schweinerüssel

250	g	getrocknete Erbsen
2,5	l	Gemüsebrühe
50	g	Knollensellerie, gewürfelt
1/2		Lauchstange, in feine Streifen geschnitten
2	EL	Salz
1		frischer Schweinerüssel
1/2		mittelgroße weiße Zwiebel, gewürfelt
2	EL	Butterschmalz
75	g	frische Kräuter, gehackt (Liebstöckel, Majoran, Ysop, glatte Petersilie)
100	g	Sahne
		Pfeffer aus der Mühle
50	ml	Teriyakisauce*

Die Erbsen mit Gemüsebrühe, Sellerie, Lauch und Salz langsam zum Kochen bringen. Wenn die Suppe sprudelt, den Schweinerüssel hineinlegen und bei geringer Hitze ca. 2 Stunden kochen lassen. Immer wieder umrühren, damit die Suppe nicht anbrennt. Wenn der Rüssel sehr weich ist und sich eine Gabel beim Einstechen ganz leicht herausziehen lässt, die Zwiebeln in einer Pfanne in 1 EL Schmalz anrösten und ebenfalls in die Suppe geben. Den Rüssel herausnehmen und die Suppe mit einem Stabmixer gut pürieren. Mit Kräutern und Sahne verfeinern und mit Salz und Pfeffer abschmecken.

Den Rüssel in feine Streifen schneiden, im restlichen Schmalz knusprig braten und dann mit Teriyakisauce ablöschen.

Die Suppe auf Teller verteilen und die Rüsselstreifen in der Mitte platzieren.

Schweinerüssel – Dem steckdosenähnlichen Gebilde des Schweinekopfs fehlt ganz und gar der Lifestyle-Wert. Es wird eher selten allein verarbeitet und hat auch nur regionale Bedeutung. Ein berühmter norddeutscher Klassiker ist „Snuten und Poten" – Schweineschnauze und -füße werden zusammen mit Ohren und Schwänzchen zu Erbsenpüree serviert.

Blutwurstravioli mit Spitzkohl
und geschmorten Äpfeln

Für die Ravioli

- 2 mittelgroße Zwiebeln, fein gewürfelt
- 50 g Butter
- 150 g einfache Blutwurst, leicht angeräuchert
- 1 Ei
- 2 Scheiben Toast, entrindet und fein gerieben
- Salz, Pfeffer a. d. Mühle
- 1/2 Bund frischer Oregano, gehackt
- 250 g Nudelteig (Fertigprodukt)
- 2 Eiweiß, leicht verquirlt

Für den Spitzkohl

- 2 mittelgroße Zwiebeln, fein gewürfelt
- 1 EL Gänseschmalz
- 2 Äpfel
- 500 g Spitzkohl, fein geschnitten
- 100 ml Riesling
- 1 Chilischote, in feine Streifen geschnitten
- 1 Lorbeerblatt
- 1/2 TL ganzer Kreuzkümmel (ersatzweise Kümmel)
- Salz, Pfeffer a. d. Mühle
- Honig (oder Zucker)

Für die Äpfel

- 2 Äpfel
- 50 g Butter
- 50 g Zucker

Für die Ravioli die Zwiebeln in Butter leicht glasig anschwitzen. Blutwurst hinzugeben und mit anschwitzen. Mit einem Stabmixer die Masse kurz durchmixen und leicht abkühlen lassen. Das Ei und Toastbrot untermischen. Mit Salz und Pfeffer abschmecken und Oregano zufügen.
Den Nudelteig zu dünnen Platten ausrollen, mit Eiweiß bestreichen und nun mit einem Ausstechring von 6 cm Durchmesser (oder mit einer Tasse) Kreise ausstechen. Auf die Kreise je ca. 1 TL Füllung in die Mitte geben. Kreise umklappen, sodass Halbmonde entstehen. Die Füllung etwas andrücken, damit alle Luft entweicht. In siedendem Salzwasser garen. Die Ravioli sind gar, wenn sie oben schwimmen. Herausnehmen und abtropfen lassen.

Für den Spitzkohl Zwiebeln in Gänseschmalz anschwitzen. Äpfel schälen, vierteln, in feine Blätter schneiden, zu den Zwiebeln geben und mit anschwitzen. Kohl zufügen und mit dem Riesling ablöschen. Chili, Lorbeer und Kreuzkümmel zufügen und alles bei geringer Hitze 10 Minuten köcheln lassen. Mit Salz, Pfeffer und etwas Honig abschmecken.

Die Äpfel schälen und in feinen Spalten schneiden. In einer Pfanne in Butter und karamellisierendem Zucker kurz schmoren.

Die Blutwurstravioli und den Spitzkohl mit den Äpfeln auf Tellern anrichten.

TIPP Der Spitzkohl bekommt mit etwas Sahne eine rahmig-geschmeidige Konsistenz.

Blutwurst

Seit der Wiederentdeckung der regionalen Küche ist die schlichte Blutwurst (Rotwurst, Schwarzwurst) auf bestem Wege, wieder gesellschaftsfähig zu werden. Vor allem der rheinische Klassiker „Himmel und Erde", ein geschmackliches Dreieck aus Kartoffelpüree, Apfelmus und Blutwurst, wird von der gehobenen Küche einfallsreich veredelt. Die einfachen Ausführungen dieser Kochwurstsorte bestehen aus Schweineblut, Speck, Schwarten, Innereien und den Würzzutaten Piment, Majoran, Thymian und evtl. Ingwer. Die anspruchvolleren Sorten enthalten unter anderem Fleisch und Zunge.

Saure Schweinenieren und gebratene Blutwurst
mit karamellisierten Birnen

400	g	Nieren vom Schwein
500	ml	Essig
2 1/2	TL	Salz
		Pfeffer aus der Mühle
1		Gemüsezwiebel, fein gewürfelt
50	g	Butter
125	ml	Fleischbrühe
2	EL	Maisstärke
1	EL	Weißwein oder milder Weißweinessig
50	g	Sahne
8		dünne Scheiben einfache Blutwurst, leicht angeräuchert
2		Birnen
50	g	Zucker

Die Nieren gut waschen und für 6 Stunden in Essig einlegen. Die Nieren herausnehmen, abwaschen und in walnussgroße Stücke schneiden. Mit Salz und Pfeffer würzen. Mit den Zwiebelwürfeln in Butter anschwitzen. Nochmals abschmecken und mit Fleischbrühe auffüllen. Den Topf zudecken und die Nieren bei geringer Hitze 10 Minuten garen. Zum Binden die Maisstärke in 2 EL kaltem Wasser anrühren und in die Sauce geben. Dann mit Weißwein oder Essig verfeinern und mit Sahne vollenden.

Die Blutwurst in einer Pfanne kross anbraten und dann herausnehmen. Die Birnen in Scheiben schneiden und mit Zucker in der Pfanne karamellisieren.

Die Blutwurstscheiben mit den Birnen und Nieren auf Tellern anrichten.

Schweinenieren – Ohne Frage haben sie einen recht eigenwilligen Geschmack. Daher müssen sie ausgiebig gewässert werden, um das konzentrierte Aroma etwas abzuschwächen. Der Weg zum Genuss dieser vitaminreichen Innerei führt außerdem über sorgfältiges Entfernen von Haut und Harnstrang. Nieren sollten unbedingt frisch sein und von einem möglichst jungen Tier stammen, dann schmecken sie einfach besser. Saure Nieren vom Schwein in gebundener brauner Sauce mit leicht wechselnden Gewürzzutaten sind in dieser klassischen Zubereitung vor allem bei den Schwaben beliebt.

Ragout von Kaninchennieren an Hagebuttensauce

400	g	Kaninchennieren
2	EL	geschmacksneutrales Öl *
4		mittelgroße rote Zwiebeln, in feine Streifen geschnitten
100	ml	Rotwein
je 1		Zweig Thymian und Zitronenthymian (ggf. 2 Zweige Thymian)
		Salz
		Pfeffer aus der Mühle
200	ml	Hagebuttenmark (aus dem Glas)
1		Vanilleschote (das ausgeschabte Mark)
		brauner Zucker nach Geschmack

Die Kaninchennieren in etwas Öl von allen Seiten anbraten. Aus der Pfanne nehmen.

Die Zwiebelstreifen in das Öl geben und glasig anschwitzen. Mit Rotwein ablöschen und etwas einkochen. Die Thymianzweige zugeben und mit Salz und Pfeffer würzen. Hagebuttenmark und Vanillemark zufügen. Mit Zucker abschmecken. Wenn die Sauce zu dick werden sollte, mit etwas Gemüsebrühe verlängern. Nochmals abschmecken. Die Kaninchennieren in die heiße Sauce geben und ca. 5 Minuten ziehen lassen.

Dazu passen kross gebratene Schupfnudeln oder Bratkartoffeln.

Kaninchennieren – Im Allgemeinen werden die nicht gerade großen Kaninchennieren eher selten als ernst zu nehmende und dabei gesunde Gaumenfreude wahrgenommen. Wie alle Nieren sollte man sie wässern, besser noch in Milch einlegen, um dem typischen Nierengeschmack eine schmeichelnde Milde zu verleihen.

Gebratene Schweinshaxe
mit Lack von Chili und Honig

2		Schweinehinterhaxen (ca. 1,5 kg)
1	TL	Salz
1/2	TL	Pfeffer
1		mittelgroße Zwiebel, geviertelt
125	ml	Bier (eine nicht zu bittere Sorte)
3	EL	flüssiger Honig
1	TL	getrocknete Chilischote, geraspelt (mild oder scharf, nach Geschmack)
		Speisestärke

Die Haut der Haxen rautenförmig einschneiden. Haxen mit Salz und Pfeffer kräftig würzen. 250 ml Wasser in einen weiten Topf geben, Haxen nebeneinander hineinlegen und auf der mittleren Schiene im vorgeheizten Backofen bei 200 °C ca. 2 1/2 Stunden garen. Während der gesamten Bratzeit alle 15 Minuten die Haxen mit dem entstehenden Bratfond begießen. Die Zwiebel nach 1 1/2 Stunden zu den Haxen geben. 30 Minuten vor Ende der Bratzeit die Temperatur auf 250 °C erhöhen. Das Fleisch nun wiederholt mit Bier bepinseln und fertig braten. 10 Minuten vor Schluss 5 EL Wasser mit Honig und Chili vermischen und die Haxen damit mehrmals einpinseln.

Die fertigen Haxen warm stellen. Den Bratfond zur Sauce weiterverarbeiten (mit Speisestärke abbinden und abschmecken).

Dazu passen Spitzkohl, mit Honig verfeinert, und Süßkartoffelpüree.

Schweinshaxe

„Eins, zwei, g'suffa" funktioniert in Bayern am besten zusammen mit einer deftig zubereiteten Schweinshaxe, entweder gegrillt oder mit Kümmel und Biersauce. Im Winter gibt es sie auch gepökelt, aber das war's dann auch schon. Leider machen sich viel zu wenig Köche Gedanken, was man sonst noch aus ihr zaubern könnte. Denn unter der Schwarte und Fettschicht stößt man auf sehr saftig-zartes und fein-aromatisches Fleisch, dessen Potenzial bislang nicht annähernd erschlossen ist. Auf die kalorienhaltige Ummantelung des rosafarbenen Innenlebens kann man gut verzichten – es sei denn, es soll „so richtig krachen".

Kaninchenrücken
mit Schweinefüßen und Rhabarber

250 g	gemischte Pilze (z. B. Pfifferlinge, Herbsttrompeten)
8	ganze Kaninchenrückenfilets
	Salz
	Pfeffer aus der Mühle
3 EL	Olivenöl
je 1	Zweig Rosmarin und Thymian
50 g	Butter
2	Schweinefüße, gekocht (Rezept s. Seite 152 oder beim Metzger)
6 EL	Sahne, geschlagen
200 g	Rhabarberstangen
100 g	Zucker
50 ml	Weißwein
	Vanille nach Geschmack (Mark und/oder ausgeschabte Schote)
	Fleur de Sel*

Die Pilze putzen. Die Kaninchenrückenfilets mit einem scharfen Messer von den Sehnen befreien. Mit Salz und Pfeffer würzen. In Olivenöl von allen Seiten scharf anbraten. Kräuter in die Pfanne geben. Das Fleisch aus der Pfanne nehmen.

Die Pilze hineingeben und scharf anbraten, Butter zufügen und mit Salz und Pfeffer abschmecken. Die Kräuter entfernen.

Das Fleisch der Schweinefüße von den Knochen ablösen und in eine Auflaufform geben. Mit Salz und Pfeffer würzen. Mit der Sahne bedecken und im Ofen bei 150 °C 15 Minuten backen, bis die Sahne vollständig verdunstet ist.

Die Kaninchenfilets im Ofen bei 150 °C 5–8 Minuten fertig garen. Sie sollen innen rosa und saftig sein.

Den Rhabarber putzen, in kleine Stücke schneiden und mit Zucker im Weißwein weich garen. Leicht mixen. Nach Geschmack das Kompott mit Vanille würzen.

Das Ragout vom Schweinefuß auf Tellern längs anrichten. Die Pilze darauflegen. Die Kaninchenfilets auflegen und mit Fleur de Sel bestreuen. Das Rhabarberkompott dazugeben.

Schweinefüße – Einer der namengebenden Bestandteile von „Snuten und Poten" (siehe Schweinerüssel Seite 132). Eigentlich sind sie zu schade, um aus ihnen nur das Gelee für Sülzen zu gewinnen. Das berühmte „Ritz Carlton" in Paris adelt Schweinefuß mit Trüffeln, und anderswo wird er zusammen mit Hummer serviert.

Saure Kalbsnieren und Blutwurst
mit Zwiebel-Kartoffel-Püree

Für die Kalbsnieren

600	g	Kalbsnieren
2	EL	Butterschmalz
1		kleine Zwiebel, fein gewürfelt
2	EL	Mehl
500	ml	Kalbsfond
4	EL	Sahne
3	EL	milder Weinessig
2		Lorbeerblätter
		Salz, Pfeffer a. d. Mühle
		Zucker

Die Kalbsnieren der Länge nach aufschneiden, Röhren und Fett entfernen. Gründlich waschen, trocken tupfen und in dünne Scheiben schneiden. Butterschmalz in einer Pfanne erhitzen und Zwiebelwürfel darin glasig anschwitzen. Die Nieren hinzufügen und unter Rühren rundum braun braten. Mehl darüberstäuben und kurz unter ständigem Rühren anrösten. Kalbsfond, Sahne und Essig angießen. Lorbeerblätter dazugeben. Bei geringer Hitze 5 Minuten köcheln lassen. Lorbeerblätter entfernen und die Sauce mit Salz, Pfeffer und Zucker süß-sauer abschmecken.

Für das Kartoffelpüree

1,5	kg	festkochende Kartoffeln
1		kleine Zwiebel, fein gewürfelt
125	ml	Milch
1	TL	Salz
		Muskatnuss, gerieben
50	g	Butter
80	g	einfache Blutwurst, leicht angeräuchert
1		Birne, in Spalten geschnitten

Für das Püree die geschälten Kartoffeln und Zwiebeln mit Wasser bedecken und weich kochen. Abgießen und mit einem Kartoffelstampfer zerdrücken. Die Milch aufkochen und unter Rühren zum Püree geben. Mit Salz und Muskat abschmecken. Zum Schluss die Butter einrühren.

Die Blutwurst in Scheiben schneiden und in einer Pfanne von beiden Seiten knusprig braten.

Die Birnenspalten in einer Pfanne mit etwas Zucker karamellisieren.

Die Kalbsnieren mit dem Püree, der Blutwurst und den Birnen auf Tellern anrichten.

Kalbsnieren – Nieren sind nicht jedermanns Sache, und ihr charakteristischer Geschmack teilt sogar die Anhänger von Innereien in leidenschaftliche Genießer und entschiedene Gegner. Wenn sie von einem Milchkalb stammen, sind sie so mild, dass sie nicht einmal gewässert werden müssen. Ansonsten mildert ein Wasserbad das etwas strenge Aroma ab. Nieren vertragen sich grundsätzlich gut mit etwas Säure und bieten beste Voraussetzungen für kulinarische Höhenflüge.

Ragout von der Kalbszunge
mit Süßholz

Die Kalbszunge in den Fond legen und bei geringer Hitze ca. 45 Minuten weich kochen. Abziehen und warm stellen. Den Fond aufbewahren.

Möhre, Sellerie, Schalotte, Lauch und Süßholz in heißem Öl mit Butter leicht anschwitzen. Mit 100 ml des Kalbszungenfonds aufgießen. Bei geringer Hitze ca. 10 Minuten sehr sanft garen.

Die Süßholzstange herausnehmen. Die Kalbszunge in dünne Scheiben schneiden und zu dem Gemüse geben. Kurz durchziehen lassen. Mit Pfeffer und Fleur de Sel abschmecken.

Das Ragout zu Tagliatelle servieren.

1	frische kleine Kalbszunge, ohne Fett und Knorpel (beim Metzger)
500 ml	Kalbsfond
1	Möhre, fein gewürfelt
1	Sellerieknolle, fein gewürfelt
1	Schalotte, fein gewürfelt
1	Lauchstange, fein gewürfelt
1	kleine Stange Süßholz (Gewürzgeschäft oder Apotheke)
4 EL	geschmacksneutrales Öl*
1 EL	Butter
	schwarzer Pfeffer aus der Mühle
	Fleur de Sel*

Kalbszunge – Ein mageres und besonders zartes Stück. Die Kalbszunge ist kleiner und milder im Geschmack als die allgemein beliebte Rinderzunge und gilt unter Feinschmeckern als Delikatesse. Um das Eigenaroma zu erhalten, sollte sie möglichst mild gepökelt bzw. geräuchert und beim Kochen nur maßvoll erhitzt werden. Beim Metzger vorbestellen.

Kalbsleber
mit Zimt, Holunderjus und Pastinakenpüree

Für die Kalbsleber

- 4 Scheiben Kalbsleber, nicht zu dünn, à 140 g
- schwarzer Pfeffer aus der Mühle
- 3 EL Mehl
- 2 EL Pflanzenöl
- 4 Zimtstangen (Cassia vera) *
- 1 1/2 EL Butter
- Salz

Für die Holunderjus

- 1 Schalotte, fein gewürfelt
- 1 EL geschmacksneutrales Öl *
- 50 g brauner Zucker
- 2 cl Rotwein
- 2 cl roter Portwein
- 100 ml Kalbsfond (aus dem Glas)
- 50 ml Holunderbeerenmark (Reformhaus)
- 1 Zweig Thymian
- 1 Spitze v. Rosmarinzweig
- 2 EL Pfeilwurzelmehl (Asialaden) oder Maisstärke
- 50 g Holunderbeeren
- 1 TL alter Aceto Balsamico *

Für das Pastinakenpüree

- 280 g geschälte Pastinaken
- Salz
- 50 g Butter
- 1 Spritzer Zitronensaft

Die Kalbslebern pfeffern und in Mehl wenden. Das Öl erhitzen, Zimtstangen und Butter zufügen. Die Leberscheiben einlegen, auf beiden Seiten bei mäßiger Hitze braten und dabei mit dem Bratfett übergießen. Herausnehmen, salzen und warm stellen.

Für die Holunderjus Schalottenwürfel in Öl glasig anschwitzen. Den Zucker dazugeben und karamellisieren. Mit Rotwein und Portwein ablöschen und auf ein Drittel reduzieren lassen. Den Kalbsfond angießen. Holundermark hinzugeben. Kräuterzweige hineinlegen und bei mäßiger Hitze aufkochen lassen. Pfeilwurzmehl oder Stärke mit 2 EL kaltem Wasser anrühren und damit die Jus leicht abbinden. Die Holunderbeeren hineingeben. Mit Salz und Pfeffer abschmecken und mit dem Aceto Balsamico vollenden.

Für das Pastinakenpüree die Pastinaken in Salzwasser ca. 20 Minuten weich kochen. Das Wasser abgießen. Mit Butter, Salz und Zitronensaft verfeinern.

Das Püree auf vorgewärmten Tellern anrichten, die Leber dazugeben und mit der Jus überziehen.

Kalbsleber – Obwohl sie besonders zart ist und ein feines Aroma hat, wird sie von vielen Fleischessern gemieden. Denn Innereien stehen immer im Verdacht, stark belastet zu sein. Wer Kalbsleber nur hin und wieder isst, tut sich etwas Gutes, denn sie enthält viel Vitamin A und Vitamine der B-Gruppe sowie wertvolles Eiweiß.

Herz & Lunge vom Rind
mit Maisgrießplätzchen

Für Herz und Lunge

1		Rinderherz
1		Rinderlunge
		Pfeffer aus der Mühle
100	g	Butter
1		Gemüsezwiebel, fein gewürfelt
250	ml	Fleischbrühe
3	EL	Maisstärke
50	ml	Weißwein
150	g	Crème fraîche
		Salz

Für die Maisgrießplätzchen

100	g	Sahne
50	ml	Passionsfruchtmark
350	ml	Kalbs- oder Geflügelfond
		Salz
		Pfeffer aus der Mühle
120	g	grober Maisgrieß (Bramata)
2		Eigelb
50	g	Manchego*, gerieben
		Butter oder Olivenöl zum Braten
4		Passionsfrüchte

Herz und Lunge unter kaltem Wasser so lange waschen, bis keine Blutreste mehr vorhanden sind. In mundgerechte Stücke schneiden und mit Pfeffer würzen. Die Butter in einer Kasserolle zergehen lassen und Zwiebelwürfel glasig anschwitzen. Herz und Lunge hinzugeben und bei mittlerer Hitze goldgelb braten. Darauf achten, dass die Stücke nebeneinander und nicht aufeinander liegen, sonst braten sie nicht, sondern fangen an zu kochen. Mit kochend heißer Fleischbrühe ablöschen und bei geringer Hitze etwa 1 Stunde köcheln lassen. Hin und wieder testen, ob das Herz zart durchgegart ist. Die Maisstärke mit 50 ml kaltem Wasser anrühren und das Geschnetzelte damit abbinden. Weißwein und Crème fraîche hinzugeben und mit Salz und Pfeffer abschmecken. (Wichtig: Erst ganz zum Schluss mit Salz würzen, da sonst die Innereien zu viel Flüssigkeit verlieren und trocken werden.)

Für die Maisgrießplätzchen Sahne, Passionsfruchtmark und den Fond aufkochen lassen. Mit Salz und Pfeffer abschmecken. Den Maisgrieß hineinrühren. Bei geringer Hitze aufkochen lassen, dann von der Herdplatte nehmen. Eigelbe und Manchego einrühren. Auf ein gefettetes Blech gießen und erstarren lassen. Wenn die Masse kalt ist, stürzen und in Stücke schneiden. In Butter oder Olivenöl goldgelb anbraten und mit Passionsfruchtkernen und -saft zu dem Geschnetzelten servieren.

Rinderherz – Der gut durchtrainierte Muskel hält sich in puncto Kalorien und Cholesterin erfreulich zurück. Dafür hat er mit seinen Mineralstoffen und B-Vitaminen umso mehr zu bieten. Die beste Qualität haben die Herzen von jungen Mastochsen. Dank ihrer fleischähnlichen, kernigen Konsistenz lassen sie sich vielseitig verarbeiten.

Ochsenschwanzragout
mit Orangenpolenta

- 2 kg Ochsenschwanz in Stücken
- Salz, Pfeffer a. d. Mühle
- 2–3 EL geschmacksneutrales Öl*
- 3 mittelgroße Zwiebeln, gewürfelt
- 3 Möhren, gewürfelt
- 3 Knoblauchzehen, fein gewürfelt
- 2 Lauchstangen, in feine Ringe geschnitten
- 1/2 Knollensellerie, gewürfelt
- je 1 Prise Piment, Chilipulver Rosenpaprika
- 1 EL Tomatenmark
- 1 l Brühe
- 500 ml Rotwein
- 4 EL Maisstärke (nach Belieben)
- 4 cl Sherry

Für die Orangenpolenta

- 2 Schalotten, fein gewürfelt
- 1 EL geschmacksneutrales Öl*
- 300 ml Geflügelfond
- 100 g grobes Polentamehl* (Bramata)
- 100 ml Milch
- 120 g kalte Butterwürfel
- 100 g Parmesan, gerieben
- 2 unbehandelte Orangen (abgerieb. Schale u. Saft)
- Salz
- Muskatnuss, gerieben

Den Ochsenschwanz mit Salz und Pfeffer würzen. In einem Bräter in Öl von allen Seiten scharf anbraten. Herausnehmen. Das Gemüse im Bratfett anschmoren. Gewürze und Tomatenmark zugeben und rösten, dann mit Brühe und Rotwein ablöschen. Das Fleisch wieder zugeben und im vorgeheizten Backofen bei 150 °C ca. 2 1/2 Stunden leicht abgedeckt schmoren.
Das Fleisch herausnehmen. Die Sauce passieren und abschmecken. Nach Belieben mit in 50 ml kaltem Wasser angerührter Maisstärke abbinden. Den Sherry zugeben. Das Fleisch vom Knochen lösen und in die Sauce legen. Langsam erhitzen und noch einmal abschmecken.
Für die Orangenpolenta Schalotten in Öl farblos anschwitzen. Fond angießen und aufkochen. Polentamehl langsam unter ständigem Rühren einrieseln und bei sehr geringer Hitze ausquellen lassen. Nach ca. 10 Minuten Milch, Butter und Parmesan einrühren. Zum Schluss Orangenschale und -saft hinzugeben und mit Salz und Muskat abschmecken. Das Ochsenschwanzragout mit der Orangenpolenta auf Tellern anrichten.

Ochsenschwanz – Er ist eins der wenigen Lebensmittel, die automatisch an ein ganz bestimmtes Gericht denken lassen – in diesem Fall ist es die Ochsenschwanzsuppe. Doch findige Köche haben längst bewiesen, dass das lange Ende von Ochsen, Bullen oder Kühen (es heißt immer Ochsenschwanz) noch zu viel mehr taugt. Man muss sich nur die Mühe machen, das gute Stück stundenlang zu kochen und dann das Muskelfleisch von den zahllosen Knochen zu lösen.

Grundrezepte

Hirn und Bries

- 1 Lammhirn/Schweinehirn/Kalbshirn/Bries (je nach Rezept)
- 1 Möhre
- 1 Lauchstange
- 1/2 mittelgroße Zwiebel
- je 1 Zweig Thymian, glatte Petersilie
- 1 Lorbeerblatt
- 1 EL Mehl
- 1 Zitrone (der Saft)

Abkochen von Hirn und Bries

Das Hirn oder Bries enthäuten, den größten Teil des Knorpels entfernen. 12 Stunden in kaltem Wasser im Kühlschrank wässern. Gemüse in gleich große Stücke schneiden. Mit Kräutern, Lorbeer, Mehl und Zitronensaft in einen Topf mit kaltem Wasser geben. 20 Minuten sprudelnd aufkochen lassen. Etwas abkühlen lassen und dann das Bries oder Hirn in die Brühe legen. Je nach Größe 10–20 Minuten kochen. Abkühlen lassen und weiterverarbeiten.

Nach Geschmack kann man zum Bries auch einen Schuss Weißwein in die Brühe geben.

Füße, Ohren und Rüssel vom Schwein

- 4 Schweinefüße/1 Ohr/1 Schweinerüssel (vom Metzger abgesängt)
- 1 Möhre, fein gewürfelt
- 1 Lauchstange, in Ringe geschnitten
- 1 Selleriestange, in grobe Stücke geschnitten
- 1 Lorbeerblatt
- 1 Zweig Thymian

Abkochen von Füßen, Ohren und Rüssel vom Schwein

Die Schweinefüße einmal durchschneiden. Mit kaltem Wasser aufsetzen, aufkochen und 3 Minuten wallen lassen. Abgießen und abwaschen. Schweinefüße, Gemüse und Kräuter in einen Topf geben. Mit Wasser bedecken und 2 1/2 Stunden kochen. Abkühlen lassen. Kochwasser passieren und Füße darin aufbewahren.

Schweineohren und Schweinerüssel werden genauso zubereitet, jedoch zuvor im Ganzen 24 Stunden gewässert und dann nur 1 1/2 Stunden gekocht. Auch Kalbsfüße lassen sich auf diese Weise garen, die Kochzeit beträgt 4 1/2 Stunden.

Lamm- und Kalbszunge

- 2 Lammzungen
- 1 Lorbeerblatt
- 1 Gewürznelke
- 2 Pimentkörner
- 2 Wacholderbeeren
- 500 ml Kalbs- oder Gemüsebrühe

Abkochen von Lamm- und Kalbszunge

Die Zungen mit den Würzzutaten in der Brühe kalt aufsetzen und zum Kochen bringen. Bei geringer Hitze ca. 40 Minuten leise köcheln lassen. Wenn man eine Fleischgabel hineinstechen und sie problemlos wieder herausziehen kann, sind die Zungen gar. Herausnehmen und abkühlen lassen. Die Haut in der Mitte einschneiden und abziehen. Die Zungen von Knorpel, Fett usw. befreien.

Glossar

Aceto Balsamico

Trotz seiner dunklen Farbe wird Aceto Balsamico ursprünglich aus dem Most weißer Trebbiano-Trauben hergestellt, der eingekocht und anschließend mit frischem Wein zur Gärung aufgesetzt wird. Seine Farbe verleiht ihm erst die jahrelange Lagerung in verschiedenen Holzfässern, zum Beispiel aus Eichen- und Eschenholz. Diesen Aufwand lassen sich die Produzenten bezahlen, und so ist der „Aceto Balsamico tradizionale" aus Modena oder aus Reggio Emilio deutlich teurer als viele andere Aceto-Balsamico-Sorten, die ohne die Bezeichnung „tradizionale" auskommen müssen. Um dem Original möglichst nahezukommen, sind sie oftmals angereichert mit Zusätzen wie Zuckercouleur, Malz oder Kräuterextrakten. Der Begriff „Balsamico" ist nicht geschützt, wohl aber die Bezeichnung „tradizionale". Sie garantiert, dass der Essig nach einer mindestens 12-jährigen Lagerung jene Eigenschaften aufweist, die ihn weltberühmt gemacht haben: satt schwarz, von leicht sirupartiger Konsistenz, mit vollem süßlich-saurem Aroma. Er eignet sich als Zutat von Salatdressings, als Würze zum Kochen und verfeinert Desserts und Cocktails auf besonders raffinierte Weise.

Bottarga

Vor allem in mediterranen Ländern wird Fischrogen ohne Zusatz chemischer Hilfsmittel so konserviert, dass er längere Zeit haltbar ist. Meist nimmt man die Eier der Meeräsche, aber auch vom Thunfisch und Schwertfisch, die gesalzen, gepresst und an der Sonne getrocknet werden. Ihr Geschmack ist sehr würzig bis rauchig. Am bekanntesten ist die Bottarga aus Sardinien, die „sardischer Kaviar" genannt wird. In der Provence und in Tunesien ist sie ebenfalls verbreitet. Klassische Zubereitungen: über Pasta reiben oder dünn geschnitten mit Tomaten, Olivenöl und Zitrone als Vorspeise servieren.

Currypaste, grüne

Currypasten mit verschiedenen Farbbezeichnungen sind die Basis vieler thailändischer Gerichte. Sie werden im Unterschied zu indischen Currymischungen immer aus frischen pürierten oder sehr fein gehackten Zutaten hergestellt. Die grüne Currypaste gilt als die schärfste. Ihr Hauptbestandteil sind grüne Chilischoten, Knoblauch und Schalotten, die zusammen mit Limettenschale, Zitronengras, Galgant, Koriander und weiteren Gewürzen für das feurig-frische Aroma sorgen. Sie lässt sich ohne großen Aufwand selbst herstellen, und man kann sie portionsweise einfrieren.

Ducca

Die inzwischen über Afrika hinaus bekannt gewordene äthiopische Gewürzmischung enthält neben Sesamsaat, Kichererbsen und Korianderkörnern auch schwarzen Pfeffer, Kreuzkümmel, getrocknete Minze und Salz. Man verwendet sie hauptsächlich zum Würzen von Fisch, wie zum Beispiel Dorade oder Seeteufel. Mit Öl verrührt oder als Paste passt sie gut zu Fladenbrot und als Dip zu Gemüse oder Grissini.

Fleur de Sel

Bei dieser „Salzblume" handelt es sich um unbehandeltes Meersalz, das sich als hauchdünne Schicht an heißen und windstillen Tagen auf der Wasseroberfläche von Salzfeldern bildet und in Handarbeit abgeschöpft wird. Diese aufwendige Gewinnung hebt den Preis – zumal Gourmets den besonders feinen Geschmack und die zarte und knusprige Konsistenz schätzen. Fleur de Sel wird hauptsächlich in Frankreich – in der

Camargue und Bretagne –, aber auch an der Algarve Portugals gewonnen.

Galgant

Die gelblich-roséfarbene Galgantwurzel, auch Galangal oder Thai-Ingwer genannt, ist eine mit dem Ingwer verwandte Wurzel. Sie besitzt weniger von dessen zitronig-exotischer Schärfe, dafür fein-bittere Komponenten. Sie ist wichtiger Bestandteil aller thailändischer Currypasten und hierzulande in Asialäden erhältlich.

Honig-Balsamico

Man kennt ihn auch als „Crema di Balsamico" oder „Balsamicosirup". Dabei handelt es sich um eine Aceto-Balsamico-Reduktion. Sie lässt sich leicht selbst herstellen, indem Aceto Balsamico mit Zucker und nach Belieben mit weiteren Zutaten wie Kräutern, Gewürzen, Säften und Rotwein eingekocht wird, bis er eine sirupartige Konsistenz bekommt. Im abgekühlten Zustand wird der Sirup dann nochmals deutlich dickflüssiger und kann im Kühlschrank mehrere Wochen lang aufbewahrt werden. Das Produkt erfreut sich immer größerer Beliebtheit.

Manchego

Die Bezeichnung des bekanntesten Käse Spaniens ist geschützt und darf nur für einen bestimmten Hartkäse aus der namensgebenden Gegend La Mancha verwendet werden. Er wird aus Schafsmilch gewonnen, reift 60 Tage lang bis zu einem Jahr und besitzt ein pikantes Aroma. Es gibt Qualitäten aus Rohmilch und aus pasteurisierter Milch. In Spanien genießt man ihn als Tapaszutat ebenso wie als Dessertkäse mit Konfitüren oder Kompott.

Mandeln, grüne

Bei grünen Mandeln handelt es sich um die unreifen Früchte des Mandelbaums, die nur sehr kurz im Jahr unmittelbar nach der Mandelblüte erhältlich sind. Während sich reife Mandeln durch ein süßliches Aroma und eine harte Schale auszeichnen, sind die unreifen Früchte von einem pelzig-grünen Mantel umgeben und sehr zart im Geschmack. Durch Blanchieren wird die flaumige Hülle entfernt, danach lassen sie sich vielseitig verwenden, etwa kandiert in Süßspeisen, in Salaten und als Beilage zu Wild- und Geflügelgerichten.

Mizuna

Man nennt ihn auch „japanischer Blattkohl" oder „japanischer Salat": Seine Blätter erinnern vom Aussehen her an Friséesalat, sind aber knackiger und bereichern mit ihrem milden süßlich-erdigen Aroma alle Blattsalatmischungen. Er gedeiht auch hierzulande sehr gut, Mitte März ist der beste Zeitpunkt zur Aussaat. Nach 2–3 Wochen sollten die Pflanzen pikiert, 4–5 Wochen später kann geerntet werden. Da die Blätter immer wieder nachwachsen, sind bis zu fünf Ernten pro Jahr möglich. Wer ihn nicht selbst anbauen möchte, bekommt ihn im Asialaden.

Mole-Gewürzmischung

Mole ist eine raffinierte kakaohaltige Sauce, die in Mexiko gern zu Hühnchen serviert wird. Mit einer fertig zu kaufenden Gewürzmischung – sie besteht aus drei verschiedenen Chilisorten, Mandeln, Korinthen, braunem Zucker, getrockneten Tomatenflocken, Erdnüssen, Sesamsaat, schwarzem Pfeffer, Zimtblüten, Knoblauch, Nelken, Anissamen und Vanille – kann man die Sauce leicht selbst herstellen bzw. anderen Saucen ein charakteristisches Aroma verleihen. Geschmacklich passt sie hervorragend auch zu Wildgeflügel wie Ente und Rebhuhn.

Öl, geschmacksneutrales

Für Dressings und Dips werden oft Öle verwendet, die durch ihr ausgeprägtes Eigenaroma selbst eine Geschmacksnote beisteuern, etwa Olivenöl, Haselnussöl oder Kürbiskernöl. Zum Braten und Frittieren hingegen nimmt man meist ein geschmacksneutrales Öl, das unbedingt hitzeresistent sein sollte. Die besten Öle zum Braten und Erhitzen sind raffiniertes Raps- und Sonnenblumenöl. Beide wirken sich durch ihren hohen Anteil an einfach und mehrfach ungesättigten Fettsäuren positiv auf den Blutfettspiegel aus. Wird Rapsöl kalt gepresst, hat es mehr Eigengeschmack und sollte auch nicht erhitzt werden. Ebenfalls geschmacksneutral sind Maiskeim und Leinöl. Sie eignen sich allerdings nicht zum starken Erhitzen und sind deshalb eher für Salate und Dips geeignet. Leinöl wird auch gerne in Quark gerührt und zu Kartoffeln gegessen. Es gilt als ganz besonders gesund, da es zu über 90 Prozent aus ungesättigten Fettsäuren besteht. Palmfett ist zwar ebenfalls neutral im Geschmack und lässt sich zudem sehr gut erhitzen – es sollte aber eher in Ausnahmefällen verwendet werden, da sich nach Ansicht von Ernährungsfachleuten sein hoher Gehalt an gesättigten Fettsäuren nachteilig auf die Gesundheit auswirken könnte.

Panch Phoron

In Nordindien ist diese Gewürzmischung ein Klassiker: Sie besteht zu gleichen Teilen aus brauner Senfsaat, echtem Schwarzkümmel, Fenchel, Kreuzkümmel und Bockshornkleesaat und ist daher auch leicht selbst herzustellen. Man bekommt sie auch unter der Bezeichnung bengalische Fünf-Gewürze-Mischung im Asialaden. Mit ihren vielen Aromen und einer milden Schärfe verleiht sie Huhn-, Fisch- und Gemüsegerichten reizvolle Akzente.

Pfeffer

In fast allen Küchen der Welt gehört er zu den wichtigsten Gewürzen – doch nicht alle Pflanzen, die den deutschen Begriff „Pfeffer" tragen, sind aus botanischer Sicht echte Pfeffergewächse (lat. piperaceae). Den echten Pfeffer (piper nigrum) gibt es in Schwarz, Weiß, Grün und Rot. Eher unbekannt, aber auch zur Familie gehörend, sind der bengalische Pfeffer, auch langer Pfeffer genannt, sowie der Kubebenpfeffer, auch als Schwanzpfeffer bekannt. Schwarze Pfefferkörner sind die unreif geernteten, getrockneten ganzen Früchte. Weißer Pfeffer ist vollreif geernteter Pfeffer, bei dem die Schale mittels Fermentation entfernt wurde, was ihn milder macht. Grüner Pfeffer ist unreif geerntet und wird meist in Essig eingelegt verkauft, roter Pfeffer ist besonders unreif geerntet und wird meist ähnlich wie grüner Pfeffer sauer-salzig eingelegt. Bengalischer Pfeffer sieht zwar nicht wie Pfeffer aus, sondern eher wie dicker, langer, schwarzer Kümmel, ist aber eine alte molukkische echte Pfefferform, die von Kennern geschätzt wird und etwas schärfer ist als schwarzer Pfeffer. Kubebenpfeffer ist weniger scharf, dafür aromatischer mit bitteren und Pimentaromen. Er ist Bestandteil der marokkanischen Gewürzmischung Ras-el-Hanout, ist aber auch in der indonesischen Küche beliebt. Angebaut wird er auf Java, verschiedenen indonesischen Inseln und Sri Lanka. Rosa Pfeffer („rosa Beeren") ist kein echter Pfeffer, sondern stammt von bestimmten Sumachsträuchern. Cayennepfeffer besteht aus getrockneten und gemahlenen Chilischoten, Szechuanpfeffer wird aus Gelbholzbäumen gewonnen.

Pökelsalz

Pökeln ist die Haltbarmachung von Lebensmitteln durch Salz. Die Lebensmittel werden bei der sogenannten Nasspökelung mehrere Tage lang in eine Salzlake eingelegt, man kann sie auch trocken mit Salz bestreuen und lagern. Bei beiden Methoden wird dem Pökelgut Flüssigkeit entzogen und so das Bakterienwachstum, das auf Feuchtigkeit angewiesen ist, eingeschränkt. Herkömmliches Salz verhindert allerdings nicht die Graufärbung des Pökelguts. Damit das Fleisch schön rosa bleibt, wird dem Salz Nitrit beigesetzt. Der Einsatz von Nitritpökelsalz ist umstritten, da besonders beim Erhitzen das Entstehen von krebserregenden Nitrosaminen gefördert wird.

Polentamehl

Das weiß-gelbliche Mehl wird aus Maisgrieß hergestellt, der in unterschiedlicher Körnung im Handel erhältlich ist. Die grobe Qualität heißt Bramata, sie wird für die klassische italienische Polenta verwendet: Man kocht einen Maisbrei, schneidet ihn nach dem Erkalten in Rechtecke und brät diese in Butter an. Das fein gemahlene Polentamehl aus sehr hellgelbem Mais wird als „Polenta Bianco" angeboten und dient u. a. zum Binden von Saucen und Suppen. Achtung: Nicht überall, wo Polenta draufsteht, ist Mais enthalten: Polenta Nera wird aus Buchweizenmehl, bisweilen auch aus Esskastanienmehl hergestellt.

Rinderlunge

Um es gleich klarzustellen: Wenn im Restaurant Lungenbraten auf der Speisenkarte steht, handelt es sich um die österreichische Bezeichnung für Rinderlende. Wenn aber die Lunge gemeint ist, nennt sich das Gericht bei unseren Alpennachbarn Beuschel. In Frankreich hat die nährwertarme Innerei ebenfalls Tradition. In unseren Landen wird sie allenfalls regional zubereitet und ist deshalb als überaus vielseitig zu verarbeitendes Lebensmittel – Haschee, Schmarrn, Strudel, Suppe – nahezu unbekannt. Dank ihres geringen Kaloriengehalts eignet sie sich bestens zum Abnehmen.

Teriyakisauce

Die japanische Marinade gibt es in Supermärkten und Asialäden fertig zu kaufen. Sie lässt sich auch selbst herstellen aus Sesamöl, Sojasauce, Knoblauchzehen, frischem Ingwer, Sake, scharfem Senf, etwas Zucker und Pfeffer. Zum Marinieren und Würzen vor allem von Fisch und Fleisch geeignet.

Vincotto

Die italienische Würzspezialität bedeutet dem Namen nach so viel wie gekochter Wein und ist fast universell einsetzbar. Der süße Traubenmost wird aus Trauben gepresst, die am Weinstock getrocknet sind, und dann stark eingekocht. Anschließend vermengt man den Sirup mit Essig, lagert ihn für vier Jahre in Eichenfässern und füllt ihn ab. Manchmal wird er mit Früchten oder Fruchtessenzen aromatisiert. Der Begriff ist geschützt, die edle Würzzutat verfeinert nicht nur Salate, Fleisch- und Fischgerichte, sondern auch Käse und Risotto.

Wasserbad

Das „bain-marie", wie man es auch nennt, wird immer dann verwendet, wenn ein empfindliches Lebensmittel schonend erhitzt werden soll. Dafür wird ein großer Topf mit warmem oder heißem, aber nie kochendem Wasser gefüllt. Ein dünnwandiges, am besten halbkugelförmiges Metallgefäß wird daraufgesetzt und gefüllt. Anschließend wird der Inhalt gerührt oder geschlagen. Im Wasserbad wird etwa Schokolade geschmolzen, Eigelb mit Zucker aufgeschlagen oder Sauce hollandaise angerührt.

Zimt (Cassia vera)

Viele indische und arabische Geflügel- und Fleischgerichte sind ohne das süßliche, feine Aroma schwer vorstellbar, auch in verschiedenen Teemischungen ist Zimt ein wichtiger Bestandteil. Hierzulande mischt man ihn traditionell mit Zucker und streut ihn auf süße Pfannkuchen oder Kuchen. Man kennt ihn auch als klassisches Adventsgewürz für Glühwein und Plätzchen. Die Rinde der tropischen Zimtbäume gibt es gemahlen oder in Stücken. Hier gilt die Regel: je dünner und heller, desto besser ist die Qualität.

Verzeichnis der Rezepte

Register

Die Autoren

Eva Eppard, geboren 1974 in Mainz, wusste schon mit sieben Jahren, dass sie einmal Köchin werden würde. Nach ihrer Ausbildung im Atrium Hotel Mainz stieg sie dort schon bald zur Küchenchefin auf. Nach Stationen u. a. im Suvretta House in St. Moritz, bei Johanna Meier in Filzmoos und auf dem Luxuskreuzfahrtschiff „Sea Cloud" kehrte sie als Küchenchefin des Atrium Hotels zurück nach Mainz, wo sie mit ihrer Familie lebt.

Martin Lagoda, Jahrgang 1952, kocht seit seiner frühen Jugend. Er studierte Pädagogik und Psychologie und ist ausgebildeter Hotelkaufmann. Nach längerer Tätigkeit als Redakteur bei Tageszeitungen ging er zu kulinarischen Magazinen und war Chefredakteur u. a. von *essen & trinken*. Seitdem arbeitet er als freier Autor und Journalist. Martin Lagoda ist zur Zeit Deutschlands einziger Hotelschreiber. Er lebt mit seiner Familie in Hamburg.